ナツメ社教育書ブックス

How to make a self-learning note

 引き出す

自主学習ノート

Igaki Naoto
伊垣尚人 著

実践編

ナツメ社

このプリント、何だと思いますか？

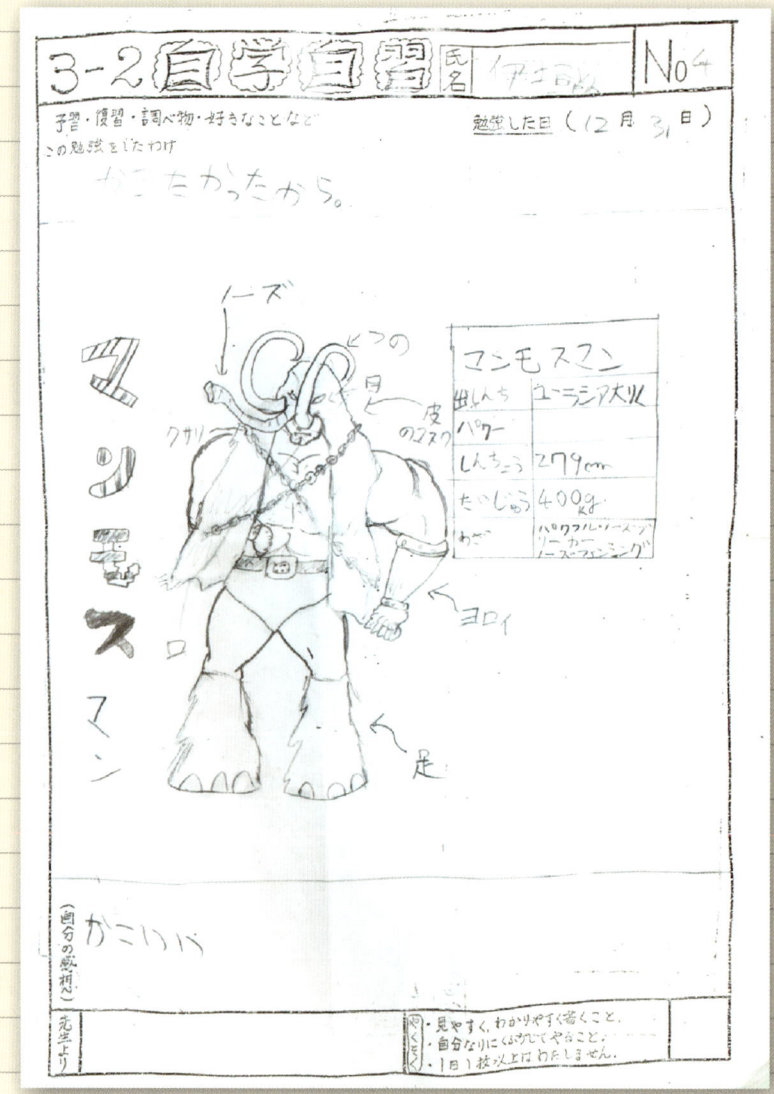

　実はこれ、私が小学校3年生の頃に取り組んだ「自主学習」のプリントなんです。倉庫の整理をしていたら偶然、出てきました。
　その頃、担任されていた先生から、「自分の好きなことを何でもやっていい、それが学びになるから」と薦められ、絵が大好きだった私は、「お絵描きでも学習になるんだ！」と興奮しながら、こたつに入って、当時好きだった漫画のキャラクターを描いたのを今でも覚えています。

これが私の自主学習のルーツです。私が現在、目の前の子どもたちとかかわる中で自主学習を大事にしているのは、私自身が当時感じた「楽しさ」を忘れられないからです。子どもたちに学ぶことの楽しさを味わってほしい、そしてそれを土台に、将来に向かってたくさんの力を身につけてほしいと願うからです。

　この自学自習プリントで、私自身に一体どの程度の学力がついたのかは定かではありません。でも、この1枚のプリントが私を「自ら楽しく学ぶ」学習へ導いてくれたことは確かです。だから、子どもたちが熱心にイラストやキャラクターを描いてくると、私自身の小学生時代と重ね合わせて、ついにこやかに眺めてしまいます。

　この『子どもの力を引き出す　自主学習ノート 実践編』は、主に取り組み始めの2週間をフォローするためにまとめました。自主学習にまだ慣れていない子どもたちにはたくさんのモデルに触れる体験が必要です。そのため、前著『子どもの力を引き出す自主学習ノートの作り方』をもとに各地で実践された先生方のクラスの子どもたちのノートを、たくさん紹介させていただいています。これから自主学習に取り組もうとする先生の参考となり、またクラスの子どもたちにとっても「こんなノートもあるんだ、ちょっとやってみようかな」と見本にしてもらえる本になると嬉しく思います。

　学年の初めから取り組むのもよし、学期の途中から取り組むのもよし、2週間の見通しがもてる時期をしっかりと選び、着実に一歩一歩、実践を積み重ねていきましょう。
　教師という仕事は、子どもたちの未来かかわる大きな仕事です。未来の子どもたちへ「自主学習の楽しいバトン」を渡していけたら幸せです。

伊垣尚人

子どもの力を引き出す
自主学習ノート 実践編

CONTENTS

第1章 自主学習ってどんなもの？ ……… 7

子ども自身が学習内容を選んで自主的に取り組む家庭学習 ……… 8
自主学習を通じて20年後に生きる力を育てる ……… 10
「内発的動機づけ」により自分から学ぶ力を育てる ……… 12
自主学習は子どもたちの幸せのための取り組み ……… 14
学ぶ楽しみと将来に生きる力をバランスよく育てる ……… 16
自主学習でめざす教師像と子ども像 ……… 17
  コラム あなたの自主学習センスはどのくらい？ ……… 18

第2章 自主学習を始めてみよう！ ……… 19

自主学習の6つのルールを覚えよう ……… 20
2週間のミニレッスンで自主学習のやり方を身につける ……… 22
自主学習の基本のやり方を身につけよう ……… 24
  ミニレッスン❶ どうして自主学習するの？ ……… 24
  ミニレッスン❷ 自主学習の6つのルールを知ろう ……… 25
  ミニレッスン❸ メニュー表を参考にワクワクメニューをやろう ……… 27
  ミニレッスン❹ バッチリメニュー「漢字練習」をやろう ……… 28
  ミニレッスン❺ バッチリメニュー・ワクワクメニューをバランスよくやろう ……… 30
自主学習を続ける力を身につけよう ……… 32
  ミニレッスン❻ 自主学習カレンダーをつくろう ……… 32
  ミニレッスン❼ ふりかえりを身につけよう ……… 34
  ミニレッスン❽ ギャラリーウォークをやろう ……… 35
  コラム 「2：6：2」の子どもたちへのアプローチ法とは？ ……… 37

第3章 自主学習おすすめメニュー紹介 …… 39

おすすめバッチリメニューとワクワクメニュー …… 40

低学年　自主学習ノート紹介

- **バッチリメニュー** 漢字練習 …… 42
- **バッチリメニュー** 計算練習 …… 44
- **バッチリメニュー** 絵であらわす九九／あったらいいなこんなもの …… 46
- **ワクワクメニュー** きょうりゅうのすがた …… 48
- **ワクワクメニュー** 交通ひょうしき／カエルのかんさつ …… 50
- **ワクワクメニュー** はり絵／うどんづくり／色のふしぎ／音楽の記号や言葉 …… 52
- **ワクワクメニュー** くもとあめときりのなぞ／キャラクターづくり／音楽会のれんしゅう／いも車について … 54

中学年　自主学習ノート紹介

- **バッチリメニュー** 都道府県庁所在地調べ …… 56
- **バッチリメニュー** 体のつくり …… 58
- **バッチリメニュー** 漢字テスト／わり算の筆算 …… 60
- **バッチリメニュー** 漢字練習／植物の観察／分数の予習／ローマ字 …… 62
- **ワクワクメニュー** 数に終わりはあるの？ …… 64
- **ワクワクメニュー** おりがみでパンダを作る …… 66
- **ワクワクメニュー** ことわざの意味調べ／世界の国旗 …… 68
- **ワクワクメニュー** 花火に色があるのはなぜ？／動物英単語／点字さがし …… 70
- **ワクワクメニュー** 音訓漢字歌／金環日食について／もののはじまり／リーダーシップについて … 72
- **ワクワクメニュー** チビママ大公開／世界の国ランキング／自転車について／おふろそうじ …… 74
- **コラム** 才能をバランスよく伸ばすマルチプルインテリジェンス …… 76

高学年　自主学習ノート紹介

- **バッチリメニュー** 漢字練習 …… 78
- **バッチリメニュー** 計算ドリル／くらしや自然 …… 80
- **バッチリメニュー** 漢字の予習／小数のしくみ／水の循環／竹取物語 …… 82
- **ワクワクメニュー** 小田原攻め …… 84
- **ワクワクメニュー** 自主学習の説明書 …… 86
- **ワクワクメニュー** オーロラとは？／ヘルシースイーツ …… 88
- **ワクワクメニュー** レクリエーション／ゴッホの生涯 …… 90
- **ワクワクメニュー** 言葉の意味調べ／ペット紹介 …… 92
- **ワクワクメニュー** 動物の絵／ファッション用語／電車紹介／読書感想 …… 94
- **ワクワクメニュー** 鳥の観察／フィリピンのお金／ものの始まり／サイン作り …… 96
- **ワクワクメニュー** 言葉の意味調べ／絵の描き方／音符のしくみ／野球 …… 98
- **コラム** 質の高いノートよりもストーリーこそ …… 100

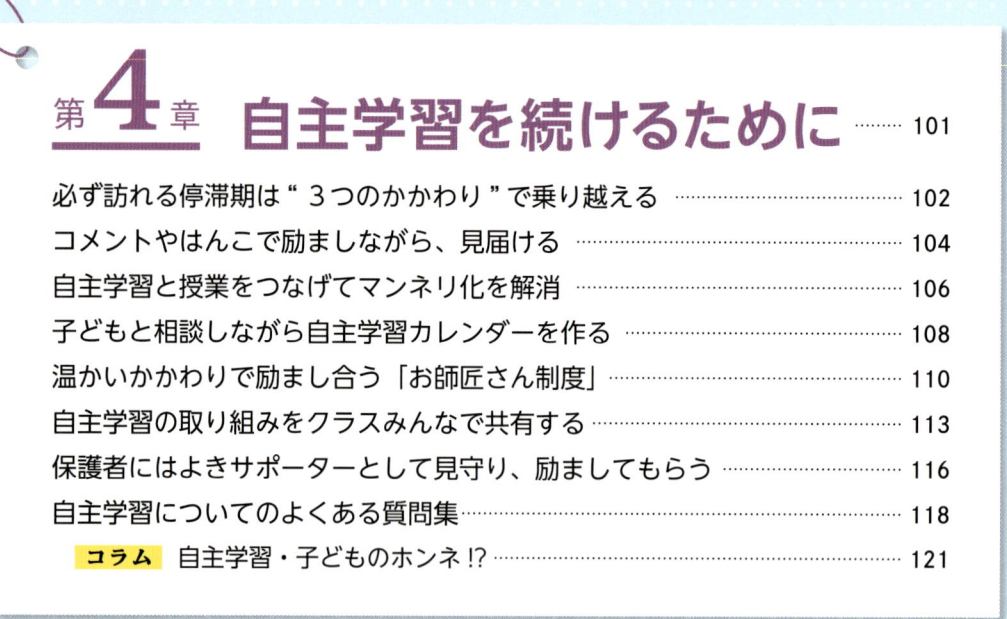

第4章 自主学習を続けるために …… 101

- 必ず訪れる停滞期は"3つのかかわり"で乗り越える …… 102
- コメントやはんこで励ましながら、見届ける …… 104
- 自主学習と授業をつなげてマンネリ化を解消 …… 106
- 子どもと相談しながら自主学習カレンダーを作る …… 108
- 温かいかかわりで励まし合う「お師匠さん制度」 …… 110
- 自主学習の取り組みをクラスみんなで共有する …… 113
- 保護者にはよきサポーターとして見守り、励ましてもらう …… 116
- 自主学習についてのよくある質問集 …… 118
- **コラム** 自主学習・子どものホンネ!? …… 121

資料集

- **実物資料①** 自主学習カレンダー …… 122
- **実物資料②** 自主学習ふりかえりプリント …… 123
- **実物資料③** 自主学習練習プリント（低学年用） …… 124
- **実物資料④** 自主学習練習プリント（中・高学年用） …… 125

おわりに …… 126

第1章

自主学習って どんなもの？

「自主学習って何を学ぶもの？」「宿題とはどう違う？」「どんな力がつくの？」…。自主学習のレッスンを始める前に、ここでは、自主学習の取り組みがもつ意味や効果について解説します。

自主学習って何だろう？

子ども自身が学習内容を選んで自主的に取り組む家庭学習

● 宿題とは違う自主学習の5つの特徴

　この本で紹介する「自主学習」とは、「子どもが自ら学習する内容を選んで自主的に取り組む家庭学習」のことを指します。そして、その自主学習を毎日、積み重ねたノートが「自主学習ノート」です。
　この自主学習には、次のような5つの特徴があります。

①一人ひとりが自分に合った学習内容を選べるため、学習に対して主体的になれる

　宿題では「先生に言われたからやる」「先生に言われたことをやる」と受け身な学習態度になりがちですが、自主学習では自分で学習内容を選ぶことができるため、学習に対して主体的になれ、やる気も生まれます。自分に必要な学習は何かを考え、自ら選択して学んだ子と、親や先生に言われるまま受け身の学び手として育つ子とでは、思考の深さに大きな差が出ます。

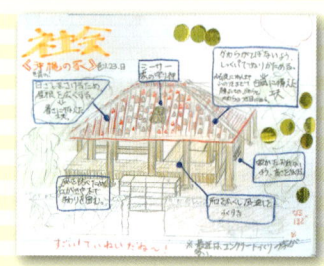

自主学習では、子ども自らがその日に学習する内容を決め、毎日自主的に取り組みます。

②1日の学習、1週間の学習計画について「ふりかえり」をしながら進めることで「学び方」を学ぶことができる

　自主学習では、1日の学習ごと、1週間ごと、1か月ごとなど、定期的に自分の学習についてふりかえりを行います。
　その場その場で行き当たりばったりの学習しかしていない子は、経験した学びを次の学習に活用することができません。ですが自分にとってうまくいく学び方を身につけている子は、ほかの学習内容に出会ったときでも、その学び方を上手に生かすことができます。こうした「学び方」を身につける

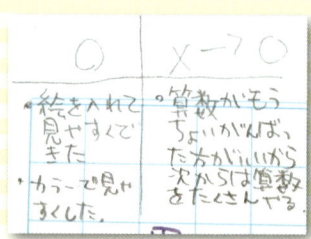

毎日の学習の終わりにはふりかえりを行い、「今日の学習でよかったこと、できるようになったこと」と「次回への改善点」を書きます。

ことは、生涯にわたる豊かな学びを保障する力になります。

③1冊のノートに努力が積み重ねられ「見える化」されるため、自己肯定感が高まる

　自主学習では、学習したノートがそのままその子のポートフォリオとなり、1冊の宝物となります。その宝物が積み重なっていくことで自分の努力が「見える化」されるため、自分の継続力に自信が生まれ、次なる学習への意欲も高まっていきます。

④家庭で自分から学習する習慣を身につけることができる

　自主学習では、「自主学習カレンダー」を作り、自ら学習する内容や目標を決めて取り組みます。自分が作った「自主学習カレンダー」に、学習した証の「○」が増えていくことは、子どもたちに継続する力を与え、自ら進んで学習する習慣が確立されていきます。

⑤学ぶことが楽しくなる

　新しいことを知ったり、できるようになったり、知らない世界のことを調べたり、実験してみたりといった学びは、本来とても楽しいものです。子ども時代にはこうした学ぶ楽しさをたくさん味わってほしい。そんな願いが、この自主学習の取り組みには込められています。

自分で選んで学ぶからこそ続けられる

　自主学習が一般的な宿題と大きく違う点は、先生に言われたことをやるのではなく、学習内容を自分で考えて取り組むという点です。「今日は明日の漢字テストの練習をしよう」「授業で気になったことを、インターネットを使って調べてみよう」というように、やりたいことを自分で選ぶからこそ、やる気になって取り組めるのです。

　ですが、そんな自主学習も誰かに強制されたり、義務的にやらなければならなかったりすると、楽しく続けていくことはできません。子どもたちが"自分から"取り組み、学ぶことが楽しいと感じられるような学習のヒントを、この本では紹介していきます。

> **POINT!**
> 自主学習と宿題の違いを教師の視点で捉えると、自主学習では「子どもは学ぼうとする存在であり、任せれば自分から学ぼうとするものである」、宿題では「子どもは放っておいたらさぼってしまうので、勉強させる必要がある」という、"子ども観"の違いがあります。

> **POINT!**
> どんな子もいきなり自主的に学習ができるようになるわけではありません。ミニレッスン(22ページ参照)を通じて、学習の仕方をていねいに伝えていく必要があります。

子どもに身につけさせたい力とは？

自主学習を通じて20年後に生きる力を育てる

● 20年後に必要な学力とはどんなものだろう？

　20年後の日本という国は、一体どうなっているのでしょうか？　ちょっと想像してみてください。

　いろいろな予想があると思いますが、日本では少子高齢化がさらに進み人口は1億1700万人程度、高齢者人口の増加による介護問題や一人あたりの税金負担増、GDPの減少、原子力発電に替わるエネルギー問題なども起きているでしょう。

　また、これまでの生産性と品質を競った工業化社会から、独自の価値を生み出す知識社会へと変わっていき、今までのやり方では解決できない問題も新しく生まれるでしょう。お金やものの消費よりも、豊かな体験や経験に価値を求めるというように、人々の価値観が転換するという予想もあります。

　このような未来像は確かなものではなく、あくまでも現時点での予想ですが、少なくとも現在の延長で何も準備せずに未来を待っていては、豊かな社会を築き、幸せな生活をすることは難しそうです。

　楽観視できない現状がある中、私たち教師は真剣に子どもたちの未来を考え、共感し、それへの備えをしなければなりません。では、このような20年後の社会に向けて、現代の子どもたちは、どのような力を身につけておかなければならないのでしょうか。

POINT!
左で挙げたのはどちらかといえばネガティブな未来予想ですが、技術の進歩に伴う生活の利便性の向上や、クリーンエネルギーの推進による環境負荷の軽減などのプラスの変化も、もちろん考えられます。

● 子どもたちに身につけさせたい3つの力

　今までの考え方や価値観では豊かで幸せな生活を送ることが難しくなるであろう20年後の社会。そんな時代をたくましく生きていける人とは、次のような資質・能力をもった人ではないかと私は考えています。

①創造的（クリエイティビティ）な思考ができる人

　将来起きるであろう新しい問題には、今までになかったような新しい解決方法が求められます。新たな困難に立ち向かい、それを解決していくためには、創造的かつ柔軟な発想や探究心が必要です。

②目的ややる気を自己管理できる自立した人

　何のために働き、何のために生活するのかを考え、そのために必要な日々の取り組みをしっかりと自己管理できる人が望まれるはずです。

③共同社会でともに助け合って協働できる人

　自分の身につけた力を身近な人へと還元できるように、小さな貢献を積み重ねていけるように、やさしさをもって人とかかわっていける力が求められます。

> **POINT!**
> 自主学習に限らず、教師はその取り組みによって「どのような力をつけさせたいか」「どのような子どもを育てたいか」を常にイメージしておく必要があると私は考えています。

● 自主学習で20年後の社会に生きる力を育てる

　このような力は、大人になってしまってからではなかなか身につきません。しかし、幼少の頃からの教育で身につけていくことはできるはずです。そのための土台となる練習の要素が自主学習にはたくさんあるのです。

　おもしろいアイデアや工夫により学習メニューを考え、カレンダーの活用で学習の内容と質を自己管理し、クラスの友だちと自主学習ノートを通じた豊かな交流を重ねていく。こうした経験は、きっと20年後の社会で生きる学びとなるはずです。

（参考文献『ワーク・シフト―孤独と貧困から自由になる働き方の未来図〈2025〉』リンダ・グラットン著　池村千秋訳／プレジデント社）

> **POINT!**
> 自主学習では、人に見せたい自主学習のページを机の上に置いて、お互いに見て回る「ギャラリーウォーク（35ページ参照）」など、友だちと交流する活動も多く取り入れています。

第1章　自主学習ってどんなもの？

子どものやる気を引き出すコツは？

「内発的動機づけ」により自分から学ぶ力を育てる

●「宿題やったの？」「勉強しなさい！」はちょっと我慢

保護者「宿題やったの〜!?」
子ども「今やろうと思ったのに！ もうやる気なくした!!」
保護者「じゃあ、おやつはあおずけね！」
子ども「え〜！ わかったよ、やればいいんでしょ、やれば！」

　多くの家庭で、日頃、このような会話が交わされていることと思います。また、自主学習に取り組む前、保護者の方と話をしていると、「先生どうしたらいいんでしょう？ 親に言われないと子どもが勉強をしません。ごほうびを示さないとやろうとしないんです」という相談を受けることも多くありました。

　おやつ食べたさに、嫌々取り組む家庭学習。やらないと怒られるから仕方なくやる宿題。こうした、"ごほうび" や "罰" によって左右される学習は、継続することが難しいだけでなく、学習に取り組む上での自主性や創造性をも阻害してしまいます。

　保護者の方も、わが子のためを思って「もう宿題やったの？」「早く勉強しなさい！」と言っているはずですが、そのひとことが逆に子どものやる気をスポイルしている可能性もあるのです。

　ですから、自主学習に取り組むにあたっては、保護者の方には「『勉強やったの？』のひとことはちょっと我慢してください」とお願いしておきます。そして、「自分から学習しようとする姿を見届けて、ほめ、励ましてください」と伝えておきます。

> **POINT!**
> オランダのイエナプラン教育の創始者、ペーター・ペーターゼンは、やらされる学習の弊害について、「罰や恐れ、強制によって生み出される〈よい行動〉というものは、一人の人間である子どもの個人的な生においては何の意味もないものであり、社会にとっても意味のないことである」と言っています。

● 好奇心や関心、楽しさにより学習へ動機づける

とはいえ、ただ待っているだけでは子どものやる気は高まりません。学習へのやる気を引き出すためには、「内発的動機づけ」がポイントとなります。「内発的動機づけ」とは、賞罰に頼らずに好奇心や関心、楽しさによってものごとへ動機づけることです。それを引き出すためには、次の３要素が必要です。

> ①**自律性**（自分でやり方を決定すること）
> ②**熟達**（自分の力を上達させること）
> ③**目的**（何のために学ぶのか）

POINT!
賞罰によらない「内発的動機づけ」に対し、賞罰や強制、金銭的報酬などによる動機づけを「外発的動機づけ」といいます。

● 家庭学習と学校での学習の好サイクルを実現する

実は自主学習ノートへの取り組みには、この３つの要素がすべて含まれています。学習方法を自分で考え、バッチリメニューとワクワクメニュー（30ページ参照）のバランスを考えながら毎日の学習を積み重ねていくことで、自分の力を向上させます。そして、何のために学ぶのか、学習する価値について定期的にふりかえるミニレッスンもあります。

また、自主学習カレンダーの取り組みによって、学習計画を作ったり、やる気を自己管理したりすることも学びます。

さらには、一人で学習するだけでなく、クラスのみんなとかかわり合いながら、努力や取り組みをみんなから認めてもらえる機会もあり、やる気が持続する仕組みももっています。

こうした動機づけにより、自分から学習に取り組めるようになると、心が開いて、さまざまなものへの興味がわいてきます。そして興味をもったことについて調べ、新しく知識を手に入れることのおもしろさが実感できるようになると、より一層、学びの幅も広がっていきます。予習をすれば授業への期待感が増し、授業で学習内容が理解できるようになればテストの結果にも反映されます。**家庭での学習と学校での学習が、いいサイクルで回るようになる**のです。
（**参考文献**『モチベーション3.0 持続する「やる気！」をいかに引き出すか』ダニエル・ピンク著　大前研一訳／講談社）

POINT!
自主学習のメニューには、学校での学習内容に直接結びつく「バッチリメニュー」と、学ぶことを楽しみ、好奇心や知りたい気持ちを大切にする「ワクワクメニュー」の２種類があります。

自主学習カレンダーは、子どもが自分の学習計画とやる気を管理する上で欠かせないツールです。

第１章　自主学習ってどんなもの？

なぜ自主学習に取り組むのか？

自主学習は子どもたちの幸せのための取り組み

● 決して高くはない日本の子どもの幸福度

「わからないことがわかるようになった！　もうちょっと調べてみようかな」と探究する種をどんどん広げて学びを楽しむ子どもたち。私は子どもたちに、学ぶことを楽しみ、遊びも楽しみ、子ども時代を目一杯楽しんでほしいと願っています。ですが実際に、現代の日本の子どもたちは子ども時代を楽しめているのでしょうか。

　ちょっと前のデータですが、ユニセフのイノチェンティ研究所が OECD 加盟国を対象に行った「先進国における子どもの幸福度調査（2007年）」の調査結果を見てみましょう。右ページの表は、物的状況や健康と安全、教育、友人や家族との関係、日常生活上のリスク、子ども自身の実感という6つの側面について調査を行い、ランキング化したものですが、**世界でナンバー１の幸福度を感じているのは、オランダの子どもたち。** オランダでは子ども一人ひとりの成長に合わせてプログラムが組まれる柔軟な教育が行われていますが、それを支える福祉も豊かで、親と一緒にいる時間が多くとれることなどから幸せ感が高いようです。

　一方の日本は、不足しているデータがあるため総合ランキングの表には出ていないのですが、**「孤独感を感じる」と答えた子どもの割合が約30％とダントツに高く（2位はアイスランドの10.3％）、教育環境の充実度を示すデータでもギリシャに次ぐワースト2位になる** など、決して高い幸福度を感じているわけではないようです。これだけモノが豊かで、食べ物も満たされている日本なのに、どうして子どもたちはそれほど幸せを感じられていないのでしょうか。

POINT!
左記のほか、日本では「30歳になったときについていると思う仕事」の質問に対して「非熟練労働（高い技能を要しない仕事）への従事」と答えた子が50.3％（調査国中最多）、また平均収入の5割以下の収入の家庭に暮らす「貧困児童」の割合もワースト9位という結果になっています。

POINT!
ここで紹介した「先進国における子どもの幸福度調査（2007年）」の調査結果は、国立教育政策研究所のホームページで見ることができます（https://www.nier.go.jp/UnicefChildReport.pdf）。

先進国における子どもの幸福度調査（ユニセフ・2007年）

国名	6側面の平均ランク	物的状況	健康と安全	教育	友人や家族との関係	日常生活上のリスク	子ども自身の実感
オランダ	4.2	10	2	6	3	3	1
スウェーデン	5	1	1	5	15	1	7
フィンランド	7.3	3	3	4	17	6	11
スペイン	8	12	5	16	8	5	2
スイス	8	5	9	14	4	10	6
デンマーク	8.2	4	4	8	9	12	12
ノルウェー	8.3	2	8	9	10	13	8
ベルギー	10	7	12	1	5	19	16
イタリア	10	14	6	20	1	9	10
アイルランド	10.2	19	19	7	7	4	5
ドイツ	11.2	13	11	10	13	11	9
ギリシャ	11.8	15	18	17	11	7	3
カナダ	12	6	14	2	18	17	15
ポーランド	12.5	21	16	3	14	2	19
フランス	12.5	9	7	15	12	14	18
チェコ	12.7	11	10	11	19	8	17
オーストリア	13.7	8	20	19	16	15	4
ポルトガル	14	16	15	21	2	16	14
ハンガリー	14.5	20	17	13	6	18	13
アメリカ	18	17	21	12	20	20	ー
イギリス	18.5	18	13	18	21	21	20

オーストラリア、アイスランド、日本、ルクセンブルク、メキシコ、ニュージーランド、スロバキア、韓国、トルコは、データが不十分なためにこの総括には含まれていない。

● 子どもの幸せのために教師と保護者ができること

こうした調査結果には、福祉制度の問題や両親の労働環境など、たくさんの要因が複雑に絡み合っていることでしょう。しかし、その中でも私たち教師や保護者にできることあるはずです。

特に子どもの1日は、その大半が学校と家庭での生活によって占められています。ですから、学校生活の時間をより豊かにし、家庭での学びの時間を楽しんでほしいという願いをもって私は自主学習の取り組みを続けています。学校と家庭が楽しい場であれば、子どもはきっと幸せを感じるはずです。

自分が幸せだと感じる子は、きっと周りの人も幸せになってもらいたいと願う、優しい子になります。**子ども時代に幸せに過ごした子どもは、将来、きっと社会の役に立とうと努力します。** そしてそれは、社会に生きるみんなの幸せにつながっていくはずです。

自主学習の取り組みの価値とは

学ぶ楽しみと将来に生きる力を
バランスよく育てる

● 子どもたちの将来の幸せこそが教師の願い

　ここまでに述べたように、これからの社会で必要となる力を見越して学習することは大切なことです。ただし、それは子どもたちを将来の産業社会の"歯車"にしたいという意味ではありません。学習することや働くことを通してすべての子どもたちに幸せになってほしい。そんな思いから、子ども時代から学びの楽しさを実感できる自主学習に取り組んでいるのです。

　私が子どもたちの自主学習に期待するのは、**「学習する楽しさ」**と、**「社会につながる学習」**をバランスよく積み重ねていってほしいということです。生涯を通しての学びを楽しむことと、社会の中で他者と協働しながら生きる力を育むこと。これらをバランスよく両立できるところが自主学習のよさであると私は思っています。

　いかがでしょうか、自主学習の価値が少しわかっていただけたのではないでしょうか。

自主学習の価値

生涯を通じての学びを楽しむ	共同社会で生きる力を育む
50%	50%

POINT!
自主学習は、ただ楽しいだけの取り組みではありません。学びを楽しみながら、これからの社会を生きていくために必要な力をつけていけることにこそ、自主学習の価値があります。

自主学習で教師と子どもはどう変わる？

自主学習でめざす教師像と子ども像

第1章 自主学習ってどんなもの？

●めざしたい7つの教師像と子ども像

　自主学習の実践に取り組む上でめざしたい教師像として、次の7つが挙げられます。

①子どもを信じて待つ教師
②子どもに選択肢を用意する教師
③子どもにヒントを与える教師
④どの子もできるように心がける教師
⑤子どもたち同士の学びをつなぐ教師
⑥子どもに温かい言葉をかけ励ます教師
⑦子どもと成長を一緒に喜ぶ教師

POINT!
自主学習は子どもの"学ぶ力"を育てる取り組みですが、同時に教師を育てる取り組みでもあります。自主学習の意義を考えることは、自らの教育観や子ども観を見つめ直すことにもつながるのです。

　そして、このような教師の姿勢が次のような子どもたちを育てます。私はこうした子どもたちを育てることを、自主学習の取り組みの目標としています。

①自ら学ぼうとする子
②深く考えたり、工夫できる子
③学習の計画がつくれる子
④家庭学習を続けられる子
⑤友だちと一緒に学ぼうとする子
⑥自分が好きで、あきらめない子
⑦学習を楽しんでいる子

　いよいよ2章から、自主学習の実践について解説します。
さあ、一緒に始めましょう。

自主学習チェックリスト

あなたの自主学習センスはどのくらい？

　自主学習の実践に取り組む前に、「自主学習」にあるといい教師の姿勢をチェックしておくことも大切です。さっそく、自分の自主学習センスを測ってみましょう。下記の質問のうち、あてはまる項目をチェックしてください。

1 子どもの自主的な行動や発言をじっくり待てるタイプである。
　　□ あてはまる　　　□ あてはまらない

2 授業では、子どもに学習方法を任せたり、選択肢を示したりすることが多い。
　　□ あてはまる　　　□ あてはまらない

3 授業中、できるようになるためのヒントをこまめに与えるタイプである。
　　□ あてはまる　　　□ あてはまらない

4 どんな子でも、学習すればきっと学力は伸びると信じている。
　　□ あてはまる　　　□ あてはまらない

5 授業の中に、子ども同士が教え合ったりする活動を取り入れている。
　　□ あてはまる　　　□ あてはまらない

6 子どもを励ます言葉をたくさんかけるように心がけている。
　　□ あてはまる　　　□ あてはまらない

7 子どもができるようになったことを、子どもといっしょに喜ぶことができる。
　　□ あてはまる　　　□ あてはまらない

▶「あてはまる」の数

7個………ミスター・ミス自主学習です。子どもにある程度は任せつつも、任せきりにすることなく、学習者主体の学びの場をつくっています。どんどん突き進みましょう！

3〜6点…学びの促進者（ファシリテーター）としてがんばっていますね。これからも、任せきりにもせず、干渉し過ぎもせずのバランスを大切に！

0〜2点…まだまだたくさんやれることがあるはずです。さっそく、自主学習をはじめてみましょう。前著『自主学習ノートの作り方』も参考にしてください。

　いかがでしたか？　私も子どもたちの評価では"まだまだ修行中"とのことでした。いっしょにがんばりましょう。

第2章 自主学習を始めてみよう！

ではいよいよ、自主学習の取り組みを始めてみましょう。この章では、取り組み始めの2週間で自主学習のルールややり方を身につける手順を、ミニレッスン形式で紹介していきます。

自主学習のキホンのキ

自主学習の
6つのルールを覚えよう

自主学習の取り組みを始めるにあたって、まず押さえておきたい6つのルールがあります。「自主学習の2ルール」と「ノート作りの4ルール」を、しっかり身につけていきましょう。

● ノート作りの4ルール

③ 見開き2ページみっちりやります。
学習する分量は、毎日見開き2ページが目標です。ページの最後までしっかり書き、2ページにうまく収まるようにまとめましょう。

④ ナンバー、日付、時間を書きます。
その日取り組んだページには、ナンバー（ページ数）」「日付」「時間（学習開始時間と終了時間）」を書きます。

⑤ ふりかえりを書きます。
学習の最後には、「今日の学習でよかった点」「次回への改善点」を書きます。できるだけ具体的に、くわしく書くようにしましょう。

⑥ バッチリメニュー・ワクワクメニューをバランスよくやります。
楽しいからといって、毎日同じメニューの学習ばかりでもいけません。バッチリメニューとワクワクメニューのバランスを考えて、学習を進めましょう。

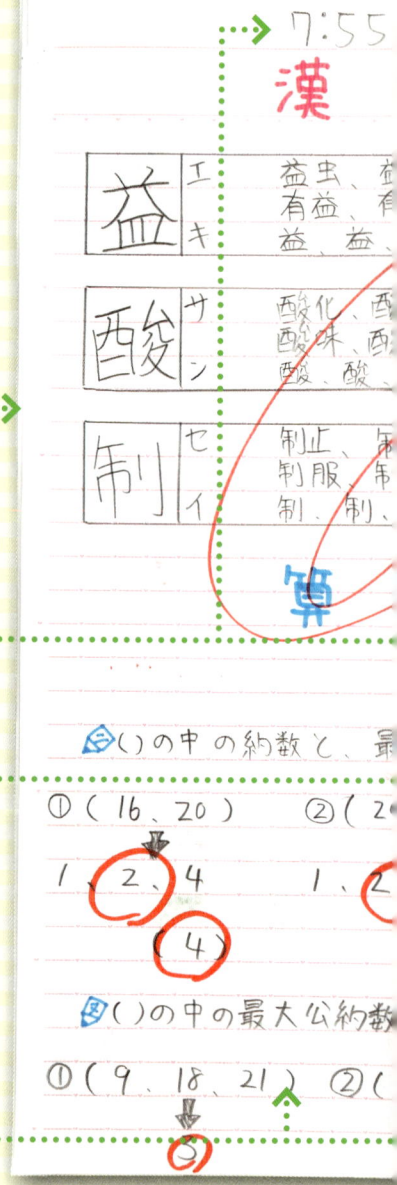

● 自主学習の2ルール

① 言われる前に、自分から学びます。
自主学習は、自分から取り組んでこそ価値があります。おうちの人に言われる前に、自分から学習を始めましょう。

② 学年×10分間、決まった時間に毎日やります。
学習時間の目安は、「学年×10分」。最長でも1時間までとし、限られた時間の中で、集中して学習するようにしましょう。

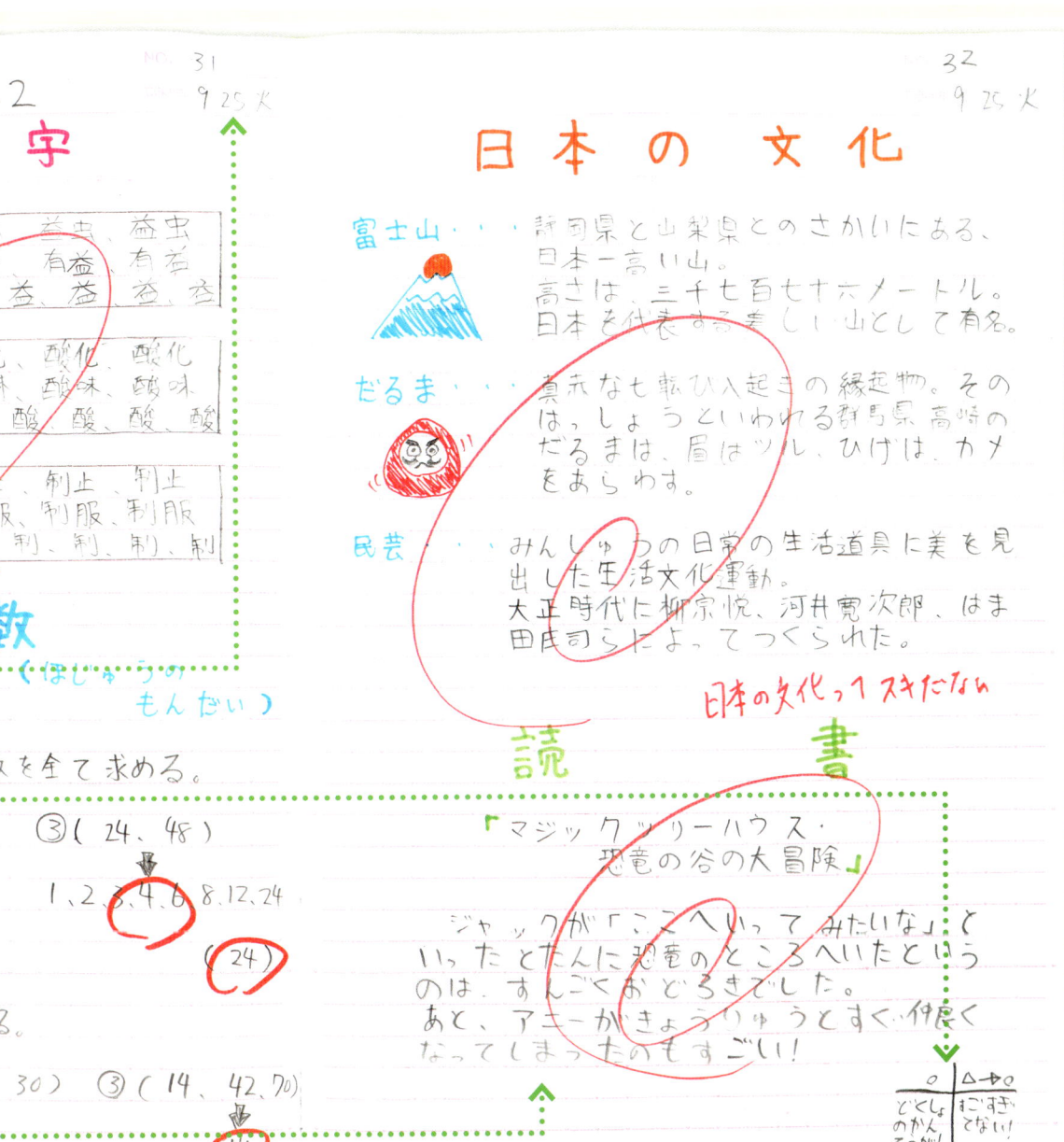

自主学習を始めてみよう
2週間のミニレッスンで自主学習のやり方を身につける

● 自主学習における「学び方」を練習する

　自主学習の取り組みでは、最初の導入時に、しっかりとその"型"を教える必要があります。自主学習は子どもが家に帰ってから一人で取り組む学習であり、教師がつきっきりでやり方を指導するというわけにはいきません。ですから、子どもたちが家庭に帰ってからも戸惑うことなく見通しをもって学習できるように、ノートの使い方や書き方、学習のしかたといったといった「学び方」を、あらかじめ学校で練習しておくのです。

　ですが、自主学習のやり方は1回の練習ではなかなか身につくものではありません。覚えなければならないルールや、長く続けるためのコツもいくつかあるので、一つの内容を少しずつ練習する、「ミニレッスン」の形式で取り組むことをおすすめします。

POINT!
自主学習に限らず、子どもたちに身につけてほしい力や乗り越えてほしい課題について、「ミニレッスン」の形で少しずつ取り組んでいくやり方はとても効果的です。

● スタートの2週間は、焦らず、じっくりと

　ミニレッスンは、通常、朝の会や帰りの会などの時間を利用して5〜15分ほどで行います。特に大事なミニレッスンのときは、特別活動などの時間に、30〜45分くらいかけて行うこともあります。

　ここでは、スタートの2週間で取り組める8つのミニレッスンを紹介します。まずみんなでやってみて、クラス全体の7〜8割の子どもができるようになったら次のステップに進むというイメージで、焦らずじっくりと取り組んでみてください。

POINT!
こうしたミニレッスンは、自主学習の導入時だけでなく、取り組みが停滞したと感じたときや次のステップに進んでほしいときなどに適宜実施します。

● スタートの2週間ミニレッスン計画表

1週目 自主学習の基本のやり方を身につけよう

①どうして自主学習するの？（10分間・24ページ参照）
②自主学習の6つのルールを知ろう（30分間・25ページ参照）
③メニュー表を参考にワクワクメニューをやろう（15分間・27ページ参照）
④バッチリメニュー「漢字練習（計算練習）」をやろう（15分間・28ページ参照）
⑤バッチリメニュー・ワクワクメニューをバランスよくやろう（45分間・30ページ参照）

※①と②はまとめて行う。

2週目 自主学習を続ける力を身につけよう

⑥自主学習カレンダーをつくろう（15分間・32ページ参照）
⑦ふりかえりを身につけよう（15分間・34ページ参照）
⑧ギャラリーウォークをやろう（45分間・35ページ参照）

● ミニレッスンの基本的な手順

　ミニレッスンは、どの内容でも基本的に下記のような手順で進めていきます（ミニレッスンの内容によっては、省く手順もあります）。

1. 学習のめあてを確認する。
2. なぜやるのかを知る。
3. 上手なモデルノートを見る。
4. 一人で、次に全員で練習する。
5. ふりかえり（自己評価・ペア評価・先生評価）をする。
6. 家に帰って挑戦してみる。

取り組みが進んでいくと、学習の内容をレベルアップさせるためのミニレッスンも行います。

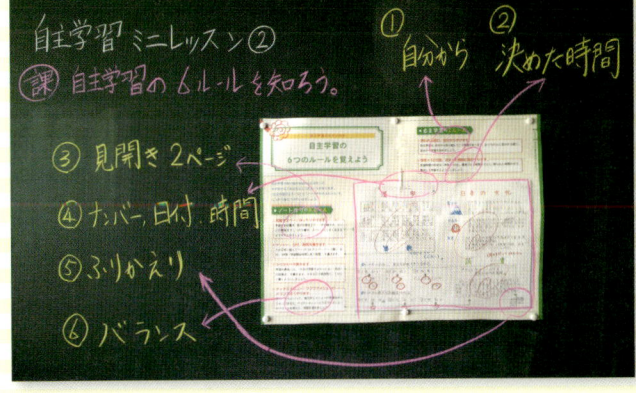

　次のページから、ミニレッスンの具体的な進め方を、実際の流れに沿って紹介していきます。参考にして、ぜひクラスの子どもたちと取り組んでみてください。

取り組み1週目のミニレッスン

自主学習の基本のやり方を身につけよう

ミニレッスン①
どうして自主学習するの？（10分間）

1. 今日から、宿題とは違う、自分で考えて工夫する「自主学習」を始めます。
2. 課題「自主学習について知ろう」（板書）
3. 宿題とは違う自主学習。自分から始めるということがポイントです。お家の人に「宿題やったの〜!?」と聞かれて、嫌々宿題をやったことってない？ そういうとき、ちょっと残念だよね。実は"イヤイヤ学習"は成果があまり上がりません。**勉強ができるようになるコツは、「自分から始める」**です。人から言われるより、自分で決めたほうがやる気がわいてきて、楽しくなってくることってない？
4. 自主学習では、自分で学習内容を選んだり、学習の仕方をいろいろ工夫したりします。なんだかワクワクして楽しいよね。自主学習には学ぶ楽しさがあります。楽しく勉強すると少しずつ力がついてくるし、やる気もアップします。
5. 自主学習で楽しい学びを積み重ねていくことで、学習の仕方や、学び方も身につきます。その学び方は、中学校、高校、社会に出てからも使える方法。**自主学習は、社会につながっている学び方なんです。**
6. 自主学習をするとこんな力を身につけられます。（板書）
   ①自分から学ぼうとする力
   ②深く考えたり、工夫する力　③学習計画をつくる
   ④続ける力　　　　　　　　　⑤人から学ぶ力

POINT!
用意するもの
- 自主学習ノートの見本（20〜21ページ）人数分、または、昨年度取り組んだ子どもの自主学習辞典

24

⑥自分を好きになる力　　⑦学習を楽しむ力

学び方を学びながら、ノート作りを工夫していくと、学校の学習もどんどんできるようになります。

7 自主学習では、こんなことをやります。

※自主学習の6つのルール（20～21ページ）を配る。または、昨年度取り組んだ子どもの自主学習辞典（ノートを1冊に束ねたもの）を見せる。

8 おもしろそうだよね。やってみたいと思った人？　じゃあ、どんなやり方かを、次に見てみましょう。

実際の子どもの自主学習辞典です。1年間、一生懸命取り組んだノートをすべて束ねると、一人分でもこんな量になります。

ミニレッスン②
自主学習の6つのルールを知ろう（30分間）

1 では、自主学習のルールについて見ていきます。

2 課題「自主学習の6つのルールを知ろう」（板書）

3 今から説明する**6つの約束**がわかると、自主学習が上手にできるようになります。

4 ルールには、自主学習のルールとノート作りのルールの2種類があります。

※自主学習の6つのルール（20～21ページ）を見せる。

自主学習の2ルール

①言われる前に、自分から学びます。

②学年×10分間、決まった時間に毎日やります。

ノート作りの4ルール

③見開き2ページみっちりやります。

④ナンバー、日付、時間を書きます。

⑤ふりかえりを書きます。

⑥バッチリメニュー・ワクワクメニューをバランスよくやります。

5 この練習プリント（26ページ）で、ちょっと練習してみましょう。左ページはバッチリメニュー。学校で勉強したことを書きます。右ページはワクワクメニュー。自分がやってみたい学習をやってみます。

6 まずは全員でバッチリメニューを練習しましょう。先生が黒板に漢字3つと計算練習3つを書くので、ていねいにすばやく写してください。あとで見やすいように、問題と問題の間は余白をたっぷりとりましょう。（10分間）

> **POINT!**
> 用意するもの
> ●自主学習の6つのルール（20～21ページ）人数分
> ●自主学習練習プリント（124～125ページ）人数分
> ●漢字ドリル・計算ドリル（答えも）人数分
> ●おすすめメニュー一覧表（40～41ページ）
> ●1cm方眼ノート人数分

> **POINT!**
> 学習時間のルールとしては「学年×10分」を基本としていますが、高学年では50分～60分が長いと感じられるかもしれません。クラスの子どもたちの実態に応じて、「学年×8分」などと適宜調整してください。

自主学習練習プリント

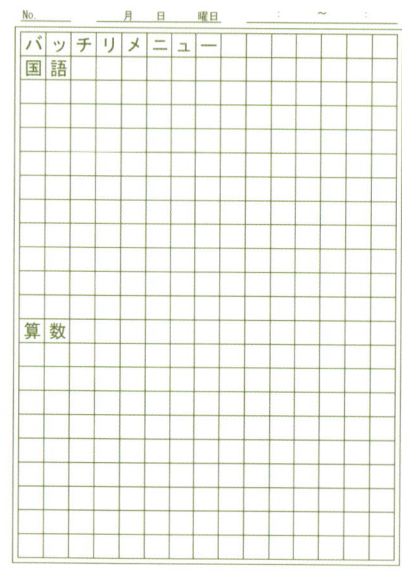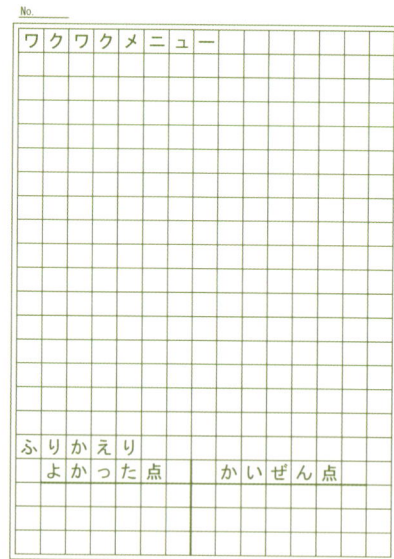

（例）新出漢字より3問、計算ドリルより3問など
おー！　上手にできたね。算数は自分で丸もつけましょう。間違えたら赤字でやりなおします。

7　今度はワクワクメニューを一人でやってみましょう。おすすめワクワクメニューの一覧表を参考に、自分でやってみたいことを書いてください。（10分間）

8　すてきなノートができあがってきたね。右ページの最後にふりかえりを書きます。「よかった点」と「もっとこうするといい点」を書き入れてください。

9　最後に先生に見せて、OKのハンコをもらいます。ハンコをもらった人には、新しいノートを配るよ。

10　もらったノートにやる気の出る名前をつけて、さっそく家でチャレンジしてこよう。明日どんなノートが集まるのか楽しみにしています！

11　塾や習いごとや約束があって、自主学習ノートをできない日もあるでしょう。そんなときは無理にやらなくてもいいです。でもノートに「サッカーの習いごとでした」と書き込んでおこう。塾のプリントを貼ってもOK。それも大事な学びだから。でも、ちょっとがんばって感想を書いたり、ふりかえりを書いたりすると成長するはずです。

自主学習練習プリントの実物資料を124〜125ページに収録しています。低学年用と中・高学年用がありますので、コピーしてお使いください。

POINT!
指導のしやすさを考えて、自主学習で最初に使うノートは教師が用意して配るといいでしょう。ノートの種類は学年や児童の実態に応じて選んでかまいませんが、最初は1cm四方の方眼ノートが書きやすくてノートがどんどん進むため、おすすめです。

> ミニレッスン③
> ● メニュー表を参考にワクワクメニューをやろう（15分間）

第2章　自主学習を始めてみよう！

1　今日は、ワクワクメニューの作り方を練習します。

2　課題：ワクワクメニューの作り方を知ろう（板書）

3　学習は楽しく取り組むときにとても成果が出ます。バッチリメニューばかりやっていると、何だかつまらないと感じることもあるかもしれません。人がいちばん学んでいるのは、誰かにやらされて嫌々勉強しているときではなく、楽しく学んでいるときなんです。

4　そこで今日は、自分が調べてみたいことや今までやってみたかったことに挑戦します。おすすめワクワクメニュー一覧表を見て、この中から自分が「やってみたい！おもしろそう！」と思えるメニューをやってみよう。どれを選んでも OK！　楽しみながらやりましょう。

5　たとえば、こんなノートがあります（本書のノート実物例や、過去の子どものノート実物を見せる）。どう？　すごいでしょ。さぁ、今度はみんながこんなノートを作る番です。おすすめメニューから選んでもよし！　自分で開発してもよし！　調べたい資料がある人はどんどん使いましょう。家でインターネットが使える人は、それにも挑戦だ。

6　ワクワクメニューをやるときの3つのコツを教えます。
　①グラフや難しいイラストはコピーして貼ろう。もちろん、写真も OK！
　②調べたことは自分の言葉で書き直そう。インターネットは難しい言葉ばかりだからね。
　③調べた資料は必ず出典を載せておこう。どこの情報かがはっきりするからね。

7　さて、10分間だけワクワクメニューの練習をやってみましょう。そうそう、おもしろい時間はあっという間に時間がすぎるので、急いでがんばってね。よーい、スタート！

8　どんなノートができましたか？　今日は隣同士で見合ってみましょう。ノートを交換します。付箋に1枚、これ

POINT！
用意するもの
● おすすめメニュー一覧表（40〜41ページ）
● 調べ学習のための資料や図鑑など
● 付箋人数分

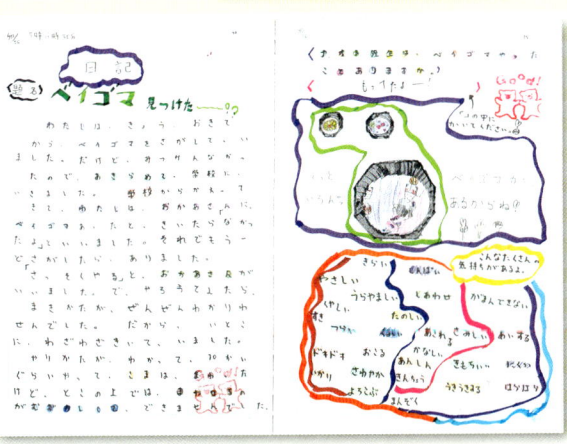

カラフルで楽しそうなワクワクメニューの実物を見ると、子どもたちも俄然、「自分もやってみたい！」という気持ちになります。

はいい！　と思ったことを書いてプレゼントします。自分の名前も忘れずに書いてくださいね。

9. ではノートを戻してもらって、むふふと読んじゃいましょう。コメントをもらうと嬉しいよね。
10. さて、今日は家に帰ってからどんなワクワクメニューに挑戦するかな？　今日の続きで調べるのもOK！　どんどん進化させていきましょう。上達すると授業で気になったことなどをどんどん深めていけるようになります。そうなるともう一人前の研究者だね。

POINT!
「ギャラリーウォーク（35ページ参照）」や「お師匠さん制度（110ページ参照）」など、ノートを通じて友だちとかかわる活動は、自主学習を続けるための大きな励ましとなります。

ミニレッスン④

● バッチリメニュー「漢字練習」をやろう（15分間）

1. バッチリメニューの漢字練習をできるようにしましょう。
2. 課題「バッチリメニューの漢字練習をやろう」（板書）
3. 漢字は何のために練習するのかな？　そうです、覚えるためですね。そして、日常で使えるようになるためでもあります。漢字の覚え方は人それぞれ。3個書いて覚える人も、10個書いて覚える人もいるはずです。自分の覚えるコツを知っているのはとても大事なこと。でも、だからといって全部自分勝手に覚えると、うっかり大切なことを落としてしまうこともあります。
4. 「漢字」は、形を覚えるだけではなく、「読み方」や「使い方」まで覚えて使えるようになる必要があります。今日は、そのための漢字の基本的な練習のやり方を勉強しましょう。実は漢字の練習方法を身につければ、社会の都道府県や中学校の英語の単語を覚えることだって得意になれるんです！
5. ではこの2つのノート（右ページ）を見てください。どっちが効果ありそう？　左のノートはみっちり書き込んであって右のノートはなんだかすっきりしていますね。
6. 実はこの2つのノート、どっちも正解！　どちらも力がつくはずです。みっちり書けばそれだけしっかり覚えられるし、すっきりしたノートも、知識が頭に入りやすいはずです。ただ、ここでいちばん大切なのは、漢字で埋めることではなくて、覚えて使えるようにするということです。

POINT!
用意するもの
● 各自の自主学習ノート
● 漢字ドリル（計算ドリル）

POINT!
ここでは、漢字の練習を題材にしてバッチリメニューの練習をしていますが、算数の計算問題で練習しても、もちろんかまいません。

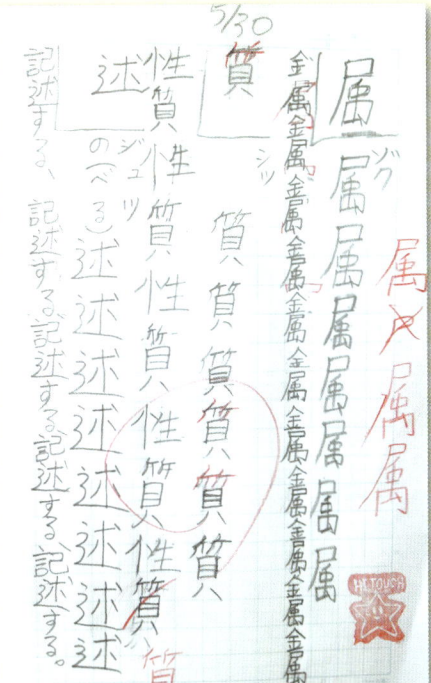

7 ではさっそく練習してみましょう。覚えるポイントを二つ教えます。

①ぶつぶつと声に出しながら書こう！

これは脳科学の研究でも証明されているんだけど、声、耳、指などのいろんな感覚を使って学習した方が、脳がイキイキしてよく覚えられるそうだよ。記憶に残る割合も高いという話です。

②一つ書いたら消しゴムで隠して書こう！

こうすることで、短期記憶を鍛えられます。隠してすぐ書けるようになってきたら覚えはじめのサインだよ。

8 では、みんなで一緒に練習してみましょう。ノートの4マス使って漢字を大きく書きます。次に音読み、訓読みを書きます。送りがなはカッコで囲みます。そして、くり返し書いて練習します。「ぶつぶつ言いながら」「消しゴムで隠しながら」がポイントね。最後に、熟語の練習もしましょう。

9 「漢字・読み・熟語」、この3つをセットして練習すると覚えやすいです。では、明日の漢字テストに向けて、まだ覚えていない漢字をドリルから1つ選んで練習しましょう。5分間どうぞ。

10 どうだった？ 覚えられたかな？ 漢字は、小テストや日常でも使えるようにすることが大切です。では、ふり

POINT!

漢字の学習は、マス目だけを印刷したプリントを用意しておき、それをノートに貼りつけて練習するというやり方もあります（62ページ参照）。

29

かえり。別のページを開きましょう。そこにさっき練習した漢字を熟語で書けるかな？　どうぞー！

11　フムフム、なかなかいい感じですね。さっそく今日から、覚えること、使えるようにすることを意識して漢字を練習していきましょう。

ミニレッスン⑤
● バッチリメニュー・ワクワクメニューをバランスよくやろう（45分間）

1　今日はバッチリメニューとワクワクメニューのバランスについて考えます。

2　課題「バッチリメニューとワクワクメニューをバランスよくやろう」（板書）

3　バッチリメニューばかりのノートだとちょっと息苦しいですね。でもワクワクニューばかりでも、何だか自由帳みたいで少し残念。**学校の学びと自分の興味ある学び、そのふたつのバランスがとれたノートが作れるようになると力がついている証拠**。どちらか一方でもだめなんですね。

4　まず、この見開き2ページに上手にまとまったノートを

POINT!

用意するもの
● 見本の自主学習ノート
● それぞれの学習道具（漢字ドリルや計算ドリル、調べもの用の資料など）

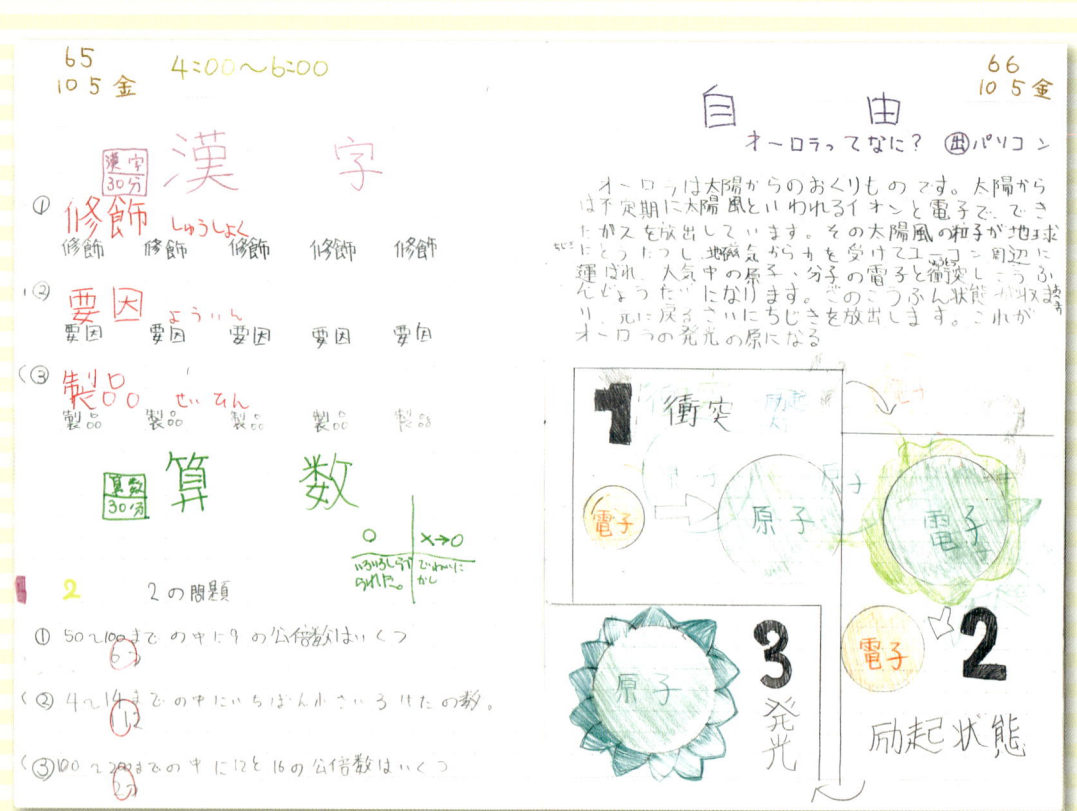

第2章 自主学習を始めてみよう！

見てください。どんなことに気づきますか？　そうだね。左ページには国語と算数のバッチリメニューが、右ページには調べ学習のワクワクメニューがバランスよくまとめられていますね。

5 この見本を参考にして、早速、練習してみましょう。学習するページに、ナンバー、日付、時間を忘れずに入れます。継続できない子にありがちな失敗は、このナンバー、日付、時間といった小さなことをおろそかにしてしまうこと。忘れずに書きましょう。

6 今日は自主学習ノートへの取り組みの1週間目の終わり。だから、特にじっくりと30分間、自主学習する時間をとります。この1週間でどれだけ成長したのか、その成果を発揮しよう！

7 できましたか？　ではふりかえりをやります。よかった点、改善点をTチャートで書いてみましょう。特に、自分なりに意識してできたことが大切です。偶然できたのとは違って、意識してできたことは、またもう一度できるということだからね。

8 今日のノートはみんな真剣に取り組んでいましたね。あとで見て、すてきなノートはコピーをとって飾っておこうと思います。どんなふうに飾るといいか、アイデアがある人はあとで教えてね。出した人からハイタッチをしましょう。

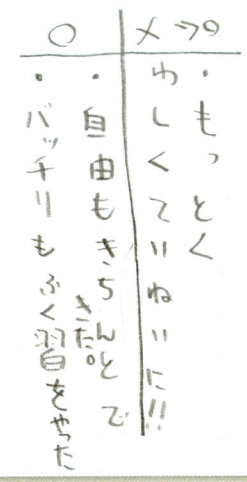

アルファベットのTの字を書き、左側に「よかった点（○）」、右側に「次回への改善点（×→○）」を書くのがTチャートのふりかえりです。

POINT!

朝、登校してきたとき、下校するとき、ノートやプリントを提出するときなど、手と手を合わせながら声をかける「ハイタッチあいさつ」をクラスのルールにしています。言葉だけのあいさつよりも元気になれるので、おすすめです。

取り組み2週目のミニレッスン

自主学習を続ける力を身につけよう

ミニレッスン⑥
自主学習カレンダーをつくろう（15分間）

1. 今週は、自主学習カレンダーの使い方を知り、使いこなせるようになりましょう。
2. 課題「自主学習カレンダーの使い方を知ろう」（板書）
3. 自主学習カレンダーを使いこなせるようになると、取り組みの見通しがもてるので、学習を始めるのがとても楽になります。そして、努力のあとがハッキリ「見える化」されるから、自信がつく。ここに、自主学習を続ける秘訣があります。
4. まず、カレンダーの作り方を説明します。
   ①月、名前、今週のめあてを記入します。今週は先生からめあてを入れておきました。
   ②日にち、曜日を記入します。
5. 使い方を説明します。学習メニューは自分で選んで1週間続けます。ただし、今週は練習なので、先生が「大事だな！」と思うスタートメニューを入れておきました。
   ③「自主的」は自分からはじめたか？　お家の人に一言でも「やったの？」と聞かれたらアウト〜！
   ④「ナンバー、日付、時間」。ノート作りの基本です。小さなことを大切にしましょう。
   ⑤「見開き2ページ」。終わったとき、みっちり2ページ書き込めたか？　ページの途中で終わることがないようにします。ただし、もっとやりたい人は3ページ目まで挑戦してもOKです。
   ⑥「漢字」。小テストに向けて、この間レッスンした漢

> **POINT!**
> 用意するもの
> ●各自の自主学習ノート
> ●自主学習カレンダー人数分

> **POINT!**
> 自主学習カレンダーには、ここで紹介する1週間分のカレンダーのほか、「2週間カレンダー」「1か月カレンダー」「夏休みカレンダー」などのバリエーションもあります。

自主学習カレンダー　　月　　　名前[　　　　　　　　　]

今週のめあて	① 自主学習の基本形をしっかりとマスターする！

日にち	曜日	1 自主的	2 ナンバー・日付・時間	3 見開き2ページ	4 漢字	5 算数	6 ワクワクメニュー	7 学年×10分間	8 ふりかえり	9 楽しい！	10 サイン
②	③	④	⑤	⑥	⑦	⑧	⑨	⑩	⑪	⑫	

自主学習カレンダーの実物資料を122ページに収録しています。コピーしてお使いください。

字練習方法でやってみましょう。慣れてきたら、自分なりに工夫します。

⑦**「算数」**。計算ドリル5問から始めることをおすすめします。丸つけまでしっかりと自分でやります。自分に正直になるほど理解が深まるはずですよ。

⑧**「ワクワクメニュー」**。ミニレッスンでやったみたいに、調べてみたいことや知りたいことなど、楽しむメニューをやってみましょう。ワクワクメニューに楽しく取り組めたなら○です。

⑨**「学年×10分間」**。5年生だと50分を目安にがんばりましょう。でもあんまり無理して勉強しすぎないように。毎年あるんです、「先生、うちの子が勉強しすぎて困ってます」というおうちの人からの相談。嘘みたいな話でしょ。でもほんとにあるんです。だから子どもはチャッチャと学習して、たくさん遊びましょう！

⑩**「ふりかえり」**。Tチャートでよかった点、改善点を書けたかどうか。これが次の日のめあてになっていくので、とても大切なメニューです。

⑪**「楽しい！」**。実はみんなにはこれをいちばん大切にしてほしいんです。得意になってくると、学習して「楽

33

しい！」と思えるようなメニューを自分で工夫できる
ようになっていくはず。学習のスイッチを自分で入れ
られるようになります。

⑫ **「サイン」**。お家の人の直筆のサインがいいな。はん
こだと、自分で押せちゃうからね。

6 カレンダーは自主学習ノートの表紙に貼って、いつでも
見られるようにしておきます。今週はこの先生からのカ
レンダーにチャレンジ。来週からは少しずつ自分でメ
ニューを決めていきましょう。

7 家族で出かけるイベントがあったり、用事があっ
たりしてできないときは、あらかじめカレンダー
に書いておいて、その日は自主学習をパスします。
でも、毎日続けていると、やらないと気持ち悪く
なってきたりします。不思議でしょ？

8 できたメニューのところに「○」を書いていって、
来週の月曜日の朝、○がいくつついたかを集計し
ます。○の数を積み重ねるごとに力がついてくるはず。
そして、その○の数を超せるように翌週も自分に挑戦し
ましょう。**ライバルは自分**ですよ。

自主学習カレンダーはノートの表紙に貼り、翌週以降、上から貼り重ねていきます。のれんのように上部だけ貼りつけることで、過去のカレンダーを自分自身でふりかえることもできます。

ミニレッスン⑦
ふりかえりを身につけよう（15分間）

1 今日のミニレッスンは、ふりかえりです。
2 課題「効果的なふりかえりを身につけよう」（板書）
3 「ふりかえり」ってとても大切なんです。自分のノート
がうまくできたのか、できなかったのか、それをいちば
んわかっていないとダメなのは誰だろう？　先生だと
ちょっと残念ですね。そう、**自分の学びは自分で育てて
いきたい**もの。そのためにも、自分がどんな学び方をし
ているのか、自分でわかるということが大切なんです。
「今日はていねいにみっちり書こう！」というめあてを
もったら、それができたのかできなかったのかを自分自
身で確認すること。それがふりかえりです。

4 自分の学びを自分でチェックするために、ノートの最後
に「よかった点」「次回への改善点」の２つを書きます。
書くことには、ふりかえりを深める力があります。詳し

> **POINT!**
> 用意するもの
> ●各自の自主学習ノート

く具体的に書けるようになると、ノートの質も高まるはずです。

5 こんなふうにTチャートで書きます。
6 では、昨日やったふりかえりを見てみましょう。もう一歩、詳しくふりかえられるかな？ そうそう、「具体的には？」と考えてみるといいんだよね。昨日のノートにやってみましょう。
7 どうだった？ かなり詳しく書けたんじゃない？ 詳しく書けると次の日のめあてにつながるので、しっかりとふりかえりましょう。**改善点を意識して次の日に取り組むと、さらにノートがよくなっていきます。**
8 ふりかえりを積み重ね、どんどん学力をつけて、すてきな自主学習ノートにしていきましょう。では、今日から家でのチャレンジ、がんばってね。

（埼玉県狭山市立入間野小学校・岩瀬直樹先生にアドバイスをいただきました）

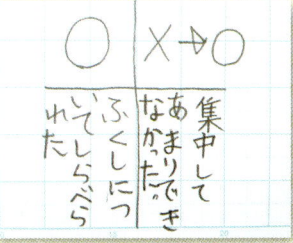

ふりかえりはできるだけ具体的に書いて、次回からの学習に生かしていきます。

POINT!

毎日のふりかえり以外に、日曜日に1週間の学習のふりかえりをすることをおすすめします。金曜日に「ふりかえりプリント」を配り、記入したものをノートに貼りつけます。123ページに実物資料がありますので、コピーしてお使いください。

ミニレッスン⑧ ギャラリーウォークをやろう（45分間）

1 今日はギャラリーウォークを練習します。
2 課題「友だちのノートのいいところを見つけよう」（板書）
3 自主学習って、家で一人で勉強するからなんだか寂しいよね。でも、クラスの友だちもいっしょにやっているから、どんなノートをつくっているのか気にならない？
だから、友だちのノートのいいところを見つけて、お互いに元気をプレゼントし合って、**どんどん自主学習を成長させていきましょう。**
4 では、やり方を説明します。
①この1週間でベストだと思う見開き2ページを開きます。
②隣同士でノートを交換し、付箋のコメントをプレゼントします（3分間）。
③自由に立ち歩いて友だちのノートを見に行き、すてきなノートの3人（男子・女子・おまかせ）に付箋コメントをプレゼントしてきます（5分間）。
④自分のノートに戻って、むふふとコメントを読みます。そして家に帰って、参考になったノートやメニューをモデルに自主学習します。

POINT!

用意するもの
● 各自の自主学習ノート
● 付箋人数分

5 付箋にコメントするときの２つのコツ。相手への心を込めたメッセージです。
　①相手が意識してがんばっている点を考えて具体的に書こう。（板書）
　②自分がノートを見てすごい！　まねしたい！　と思ったことを素直に書こう。（板書）
　名前も忘れずに。そして、もらった付箋の数に一喜一憂しませんよ。数よりも内容が大切です。

6 では実際にやってみましょう。まずはペアで交換ね。お隣さんとノートを見せ合います。ペアがいないところは３人で交換します。では、コメントどうぞ。

7 ノートを戻してください。次は、ギャラリーウォークです。ギャラリーウォークというのは、美術館などでぶらぶら歩きながら、自分の気になる作品をじっくりと鑑賞する方法。自主学習のギャラリーウォークでは、「これはぜひまねしたい！」と思える次の４つのノートを探しに行きましょう。
　①おもしろそう！　楽しそう！ノート（以下４つ板書）
　②やりやすそう！ノート
　③ためになりそう！ノート
　④きれいで見やすい！ノート

8 自分のおすすめノートを３つ探してきましょう。男子一人、女子一人、そして最後はだれでも OK です。でも、ここで要注意！　付箋コメントには友だち関係を持ち込みません。友だちとはいつでもかかわれるからね。男女の枠や友だち関係を超えて、できるだけいいノートを探しましょう。５分間です。

9 さて、自分の席に戻ろう。友だちからのコメントはありましたか？　コメントはたくさんもらうと嬉しいけれど、量ではないからね。大事なことは、自分が「これをまねしたい！」と思えるノートを見つけること。そして、それをさっそくまねして、今日から挑戦してみるということです。

10 今週は月、水、金曜日にギャラリーウォークに取り組みます。友だちのノートを参考に、ぜひすてきな自主学習ノートを作ってきてください。では、ノートを集めます。見開きで提出してください。

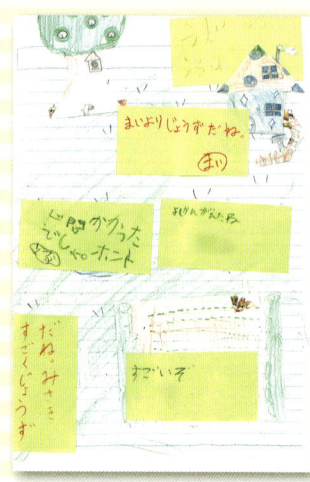

一人で取り組む自主学習において、友だちとノートを見せ合ったり、コメントを交換し合ったりすることは何よりの励みになります。

COLUMN

「2：6：2」の子どもたちへのアプローチ法とは？

学び合いで伸びていくA群・B群の子どもたち

　教室にはいろんな子がいます。自主学習を導入したとき、最初からどんどんできてしまう子もいれば、なかなか定着しない子もいます。よく集団を2：6：2に分けて、よくできるA群2割、平均B群6割、苦手C群2割といったように集団内の分布を捉えることがあります。

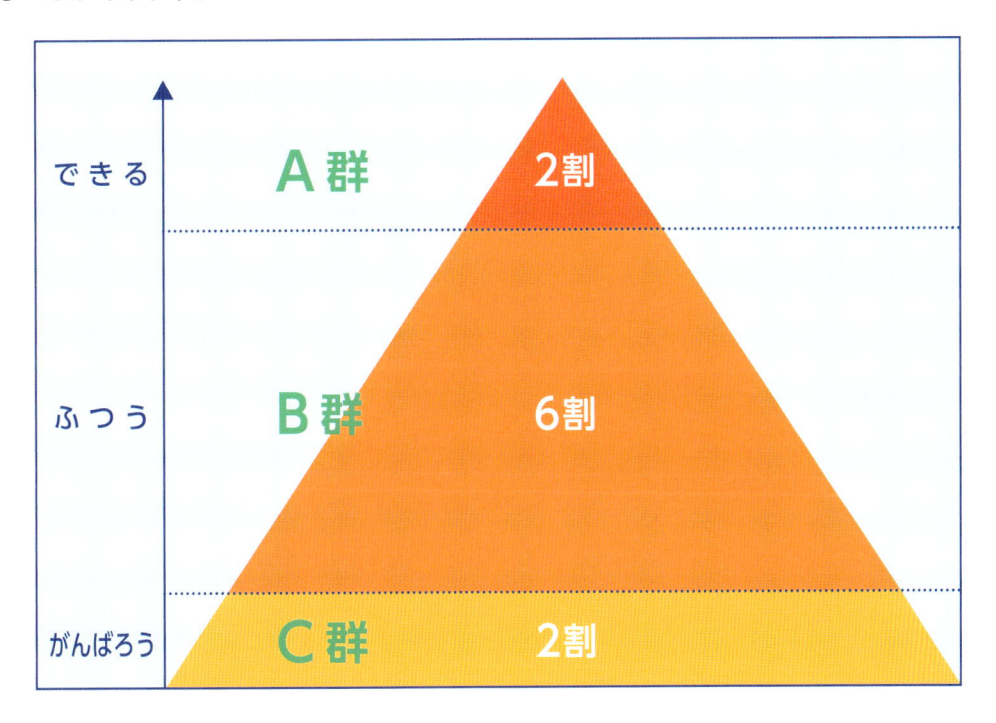

```
できる    A群    2割
ふつう    B群    6割
がんばろう C群    2割
```

　このように見たとき、やはりA群の子の取り組みに目が行きがちです。今まで、宿題という形で「ここまでしかやってはだめ！」と抑えられていた気持ちが開放され、どんどん自主学習に取り組むはずです。最初、この子たちのノートはモデルとしてクラスの中でも大活躍します。

　しかし、よくある失敗として、このクラスの一部であるA群の子だけを切り取って自主学習ノートがクラスで成立していると思ってしまい、B群の子たちがなかなか向上しないというケースがあります。そして、保護者からの相談も特にB群の子やC群の子についてのものが多くなってきます。

大切なことは、B群、C群の子どもたちも自信をもって自主学習に取り組めるような支援をしていくことです。特にC群の子どもたちには教師からのこまめでていねいな支援が必要です。

　後述するお師匠さん制度（110ページ参照）で、C群の子への支援をA群の子に任せてしまっては失敗します。A群の子どもたちもどんどん成長していきたいのです。ですから、A群の子はB群の子とペアにしていきます。ここでの学び合い、教え合いはとても効果的です。

★ C群の子どもには教師によるていねいな支援を ★

　C群の子については、最初は教師と一緒に相談しながら自主学習に取り組むというイメージで、ていねいに進めていきます。これまでの宿題ができないままに過ごしてきた子どもたちに対して、その子の課題に沿って学習をアレンジしてあげられるのは担任しかいないからです。

　特に、自主学習のような「学び方」を身につけていく学習はC群の子にとってはとても高度です。いきなりハードルを高くしてしまうと失敗体験ばかりが積み重なり、学習への意欲も減少していきます。このようなC群の子へのアプローチをスモールステップで積み上げていくことは、結果、B群の子やA群の子たちにとっても大きな助けになります。彼らも同じところでつまずくことがあるからです。

- **A群** 授業とどんどんつないでいき、一歩先へレベルアップを図ります。
- **B群** 自信を持って自主学習をできるようにやり方を指導します。
- **C群** 最初は特に教師からの個別の支援（自主学習カレンダーと見届け）が大きな鍵です。

　こうした観点でそれぞれの子どもをていねいに見ていくことは、自主学習ノートへの取り組みの安心感につながり、誰もが同じように学びやすい教育（インクルーシブ教育）へとつながっていくはずです。一度、クラスを集団としてマクロな視点で捉えてからミクロな視点でサポートしていく、そんなイメージで取り組んでいくといいかと思います。

第 3 章

自主学習
おすすめメニュー紹介

「自主学習を始めてはみたけれど、どんな学習をすればいいかわからない…」。多くの子どもたちがぶつかる壁です。ここでは、楽しくてためになるいろいろな学習メニューを、子どもたちの実物のノートで紹介していきます。

まずは基本メニューを押さえよう

おすすめバッチリメニューとワクワクメニュー

● バッチリメニューは漢字・計算を基本に

学校での学習内容に直接結びつくバッチリメニューでは、どの学年においても漢字と計算の学習が基本になります。これらに加えて、授業の予習・復習や視写、テストの間違い直しなどに取り組みましょう。

おすすめ バッチリ メニュー

低学年	● 新出漢字の練習 ● 漢字熟語練習 ● 漢字テスト練習 ● 算数ドリルの練習 ● 教科書の問題の復習 ● 教科書の予習でポイントまとめ
中学年	※低学年メニューに加え ● 新出漢字の予習 ● 新しい言葉の意味調べ ● 算数の予習ポイントまとめ ● 理科の実験手順のまとめ ● 理科の実験道具のポイント ● 社会科の復習 ● 社会科の予習
高学年	※低・中学年メニューに加え ● 短歌、俳句の視写 ● 古文、漢文の視写 ● テストの間違い直し

● 自分が学びたい学習に自由に取り組むワクワクメニュー

ワクワクメニューでは、その名前どおり、自分がワクワクできるような、楽しい学習に取り組みます。自分の好きなことや興味のあることについて調べて、まとめてみる「調べ学習」が中心になりますが、そのほか、工作や絵画、運動、お手伝い、料理なども人気のメニューです。

おすすめ ワクワク メニュー

低学年
- 先生あのね（日記）
- みつけたよ日記（生活科）
- 生き物観察
- 交通標識みつけ
- 音楽記号調べ
- 恐竜図鑑調べ
- 工場のひみつ調べ
- おり紙・はり絵
- キャラクター作り
- なわとび

中学年
- ことわざ調べ
- 四字熟語調べ
- 点字さがし
- 数の不思議
- 都道府県調べ
- 世界の国旗
- 新聞コメント
- 英語調べ
- お手伝いのコツ
- 不思議に思ったこと

高学年
- 読書と感想
- おすすめの本紹介
- 作家活動（物語作り）
- 説明書づくり
- 歴史上の人物調べ
- サイン作り
- スイーツ調べ
- クラスレク調べ
- 画家・作家調べ
- ペット紹介
- 動物調べ
- ファッション用語調べ
- 電車紹介
- 外国文化調べ
- 好きなもの紹介
- 野球の作戦

第3章　自主学習　おすすめメニュー紹介

| 低学年 | 自主学習ノート紹介 |

国語　漢字練習

Good!

一画目は赤、二画目は青、三画目は緑…というように、画数ごとに色分けして書くのはいいアイデアです。筆順を覚えるのは、字を正しい字形で書くためにはとても重要です。

漢字のなりたち調べのほか、一画ずつ色分けして筆順を覚える工夫も

Check!

漢字の学習をするときは、面倒でもます目を作って書くようにするといいです。ます目の中に収まるように書くようにすると、自然と字形が整ってきます。

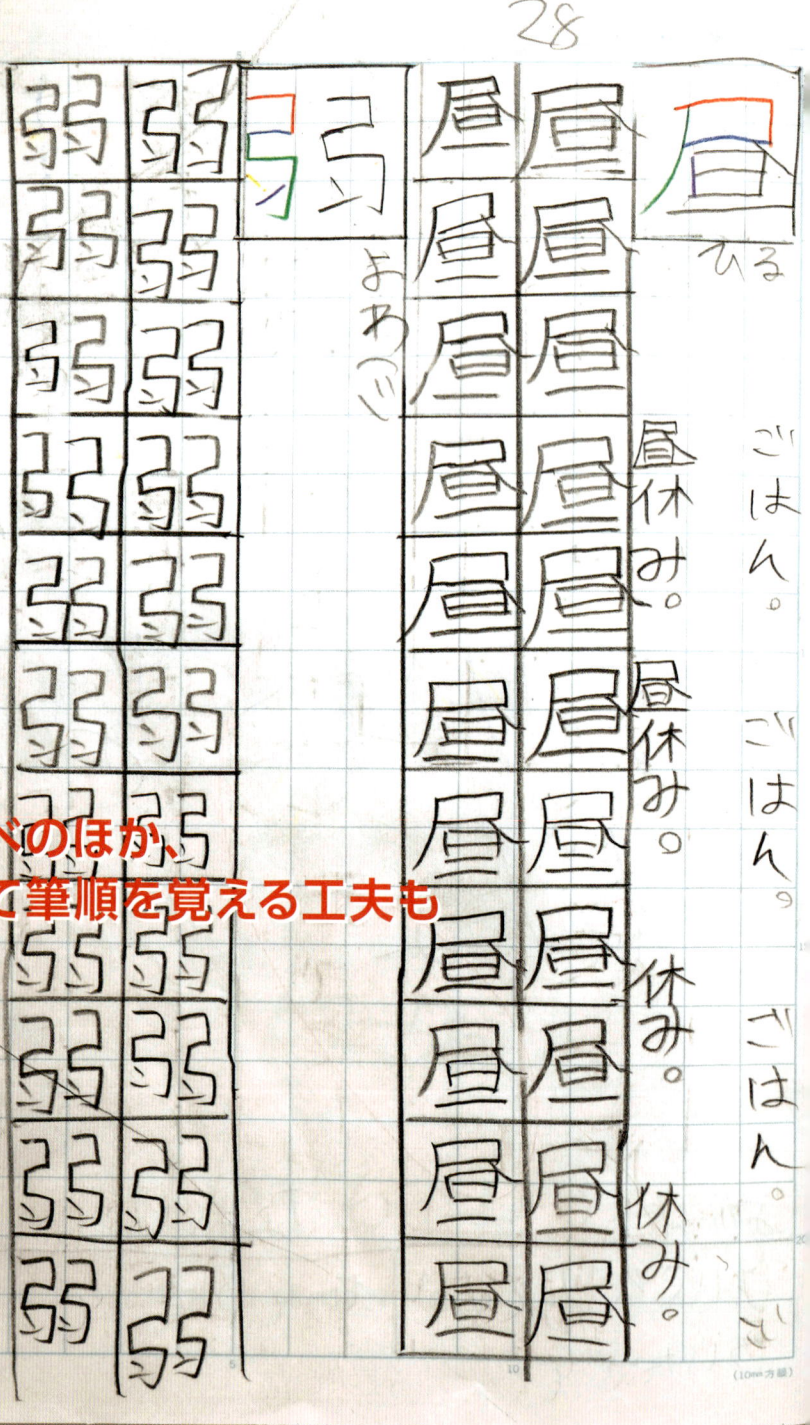

第3章 自主学習 おすすめメニュー紹介

Good! はらうところ、まっすぐ書くところなど、注意して書くところを丸で囲っているところもすばらしいです。一画ずつていねいに書くことで、正しい字形を早く覚えることができます。

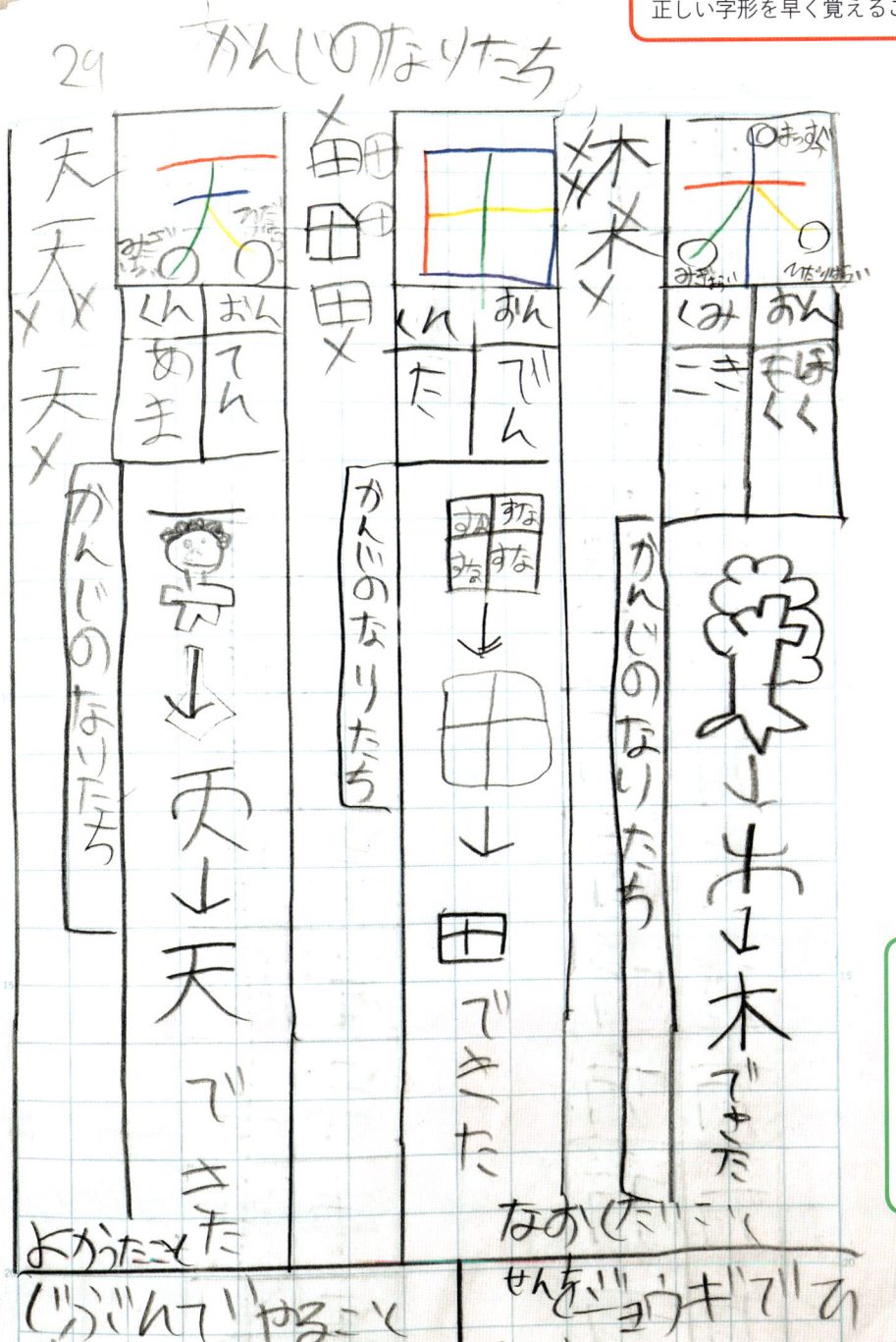

Hint! ここでは、漢字のなりたちを調べて、それを絵で表しています。どのようななりたちでできた漢字かを知ることは、漢字の意味を理解するのにとても役立ちます。

低学年 自主学習ノート紹介

算数　計算練習

一問ずつ、ます目にていねいに書いた見開き2ページの計算練習ノート

Good!
かけ算九九や、たし算、ひき算の計算を、見開き2ページぶん、みっちりとやりきったノートです。集中して取り組んだ様子が伝わってくる、美しいノートです。

Hint!
このノートは、1cmの方眼ノートです。方眼ノートを使うと、きれいにまとめやすいので、まずはクラス全員でこのノートを使って練習するのがおすすめです。

バッチリメニュー

Hint! 自主学習で計算練習に取り組んだときは、自分で丸つけまですることをおすすめします。低学年の子どもでもできますし、自分の苦手を知るのにも有効です。

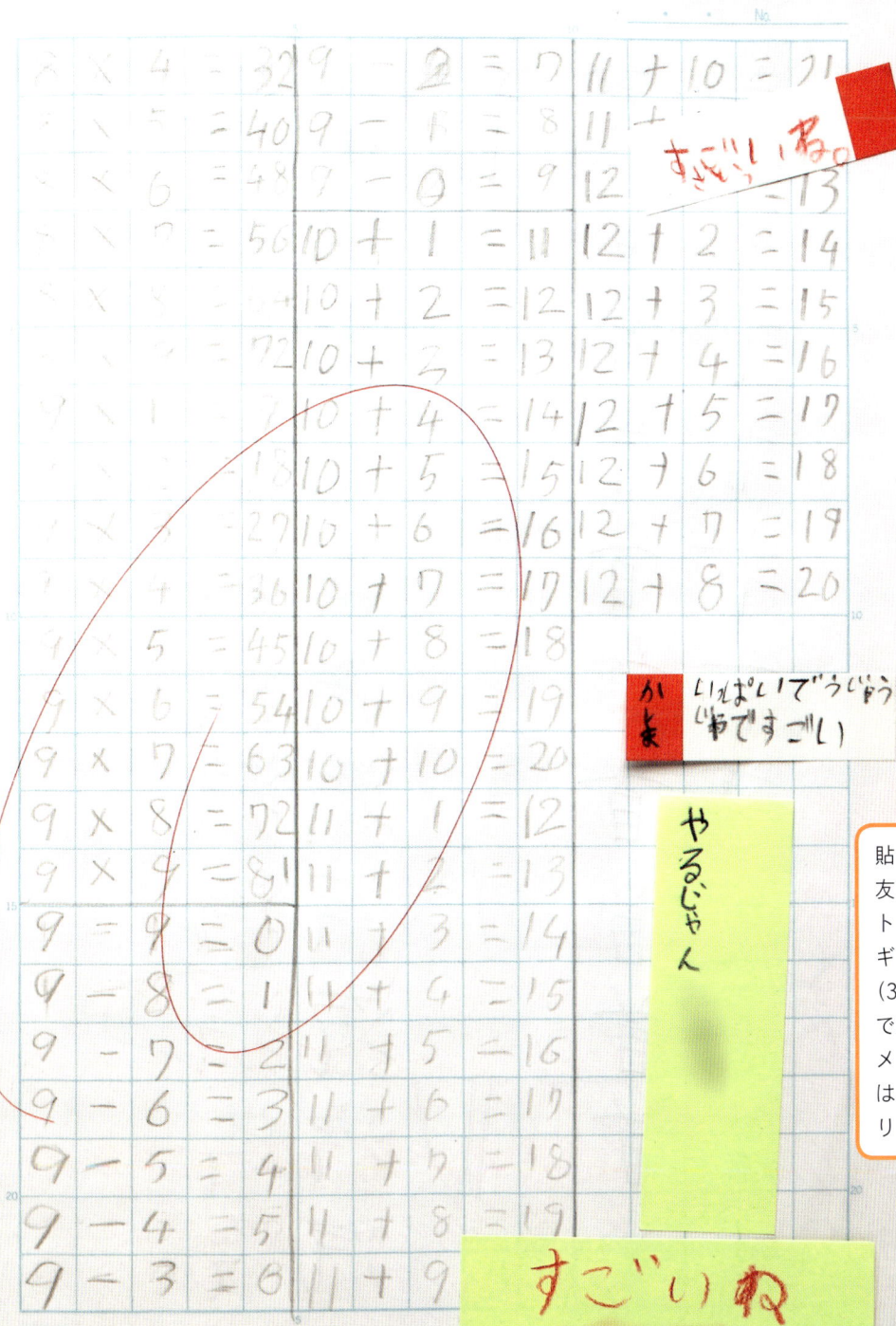

Check! 貼ってある付箋には、友だちからのコメントが書かれています。ギャラリーウォーク（35ページ参照）などで友だちから称賛のコメントをもらうことは、何よりの励みになります。

第3章 自主学習　おすすめメニュー紹介

低学年　自主学習ノート紹介

算数　絵であらわす九九

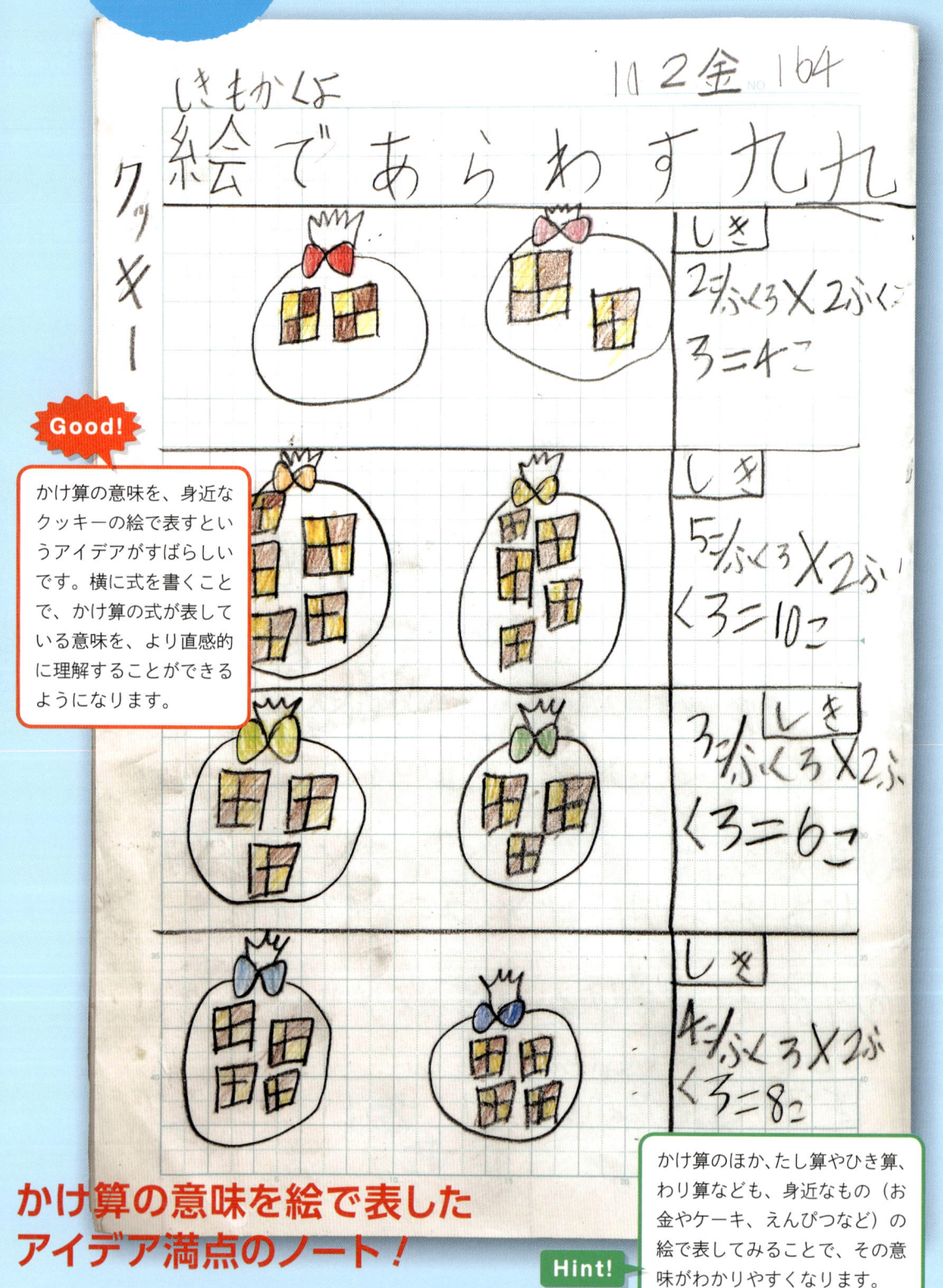

Good!
かけ算の意味を、身近なクッキーの絵で表すというアイデアがすばらしいです。横に式を書くことで、かけ算の式が表している意味を、より直感的に理解することができるようになります。

Hint!
かけ算のほか、たし算やひき算、わり算なども、身近なもの（お金やケーキ、えんぴつなど）の絵で表してみることで、その意味がわかりやすくなります。

かけ算の意味を絵で表したアイデア満点のノート！

バッチリメニュー

国語　あったらいいなこんなもの

Good!
2年生国語の教科書にある「あったらいいなこんなもの」の学習で作ったノートです。「あったらいいな」という想像が、すてきなストーリーと絵でまとめられています。

「あったらいいな」という想像を
すてきなストーリーと絵で表現

Hint!
授業では、ここで考えた「あったらいいと思うもの」をみんなで発表し合います。こうした発表や話し合いのための資料づくりにも、自主学習ノートを活用することができます。

第3章 自主学習 おすすめメニュー紹介

| 低学年 | 自主学習ノート紹介

調べ学習　きょうりゅうのすがた

Good!
自分が興味のある恐竜について、絵と調べた内容をまとめたノート。定期的にいろんな恐竜について調べることで、自分だけの恐竜図鑑ができあがります。

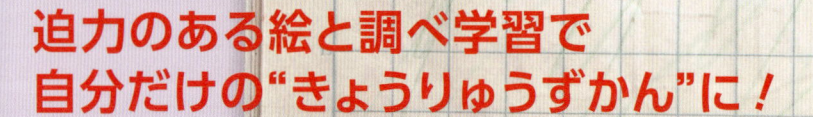

迫力のある絵と調べ学習で自分だけの"きょうりゅうずかん"に！

Hint!
動物や植物、乗り物に食べ物など、自分の興味のあるテーマを決めて、定期的に自主学習でまとめるようにすると、そのテーマについての系統立った知識が身につきます。

> **Check!** 恐竜の名前や分類、食性、大きさ、時代などを項目としてまとめていて、この恐竜の特徴がわかりやすく伝わります。こうした学習を続けると、自ら調べ、まとめる力がどんどんついてきます。

第3章 自主学習 おすすめメニュー紹介

ナノティラノヌス

ティラノサウルス科
肉食（肉を食べます。）
約5m（大人4〜5人位です。）
白亜紀後期（恐竜の時代の中で一番新しいです）

ティラノサウルスの子供説があるが、暴君が暴徒があるなどの意見もあるが、イラノサウルスも暴くまく、鼻のちがいかがかなり大きめ。また、脳が直が特く強い。小ゴルさとゴの形たの。

ほかにもいろんな恐竜がいるので見て見てください

草食
130じゅるいい上　小さいけど
ざっ食、肉食　時代を書いてすすました。
100じゅるいい上
時代は　古生代
先カンブリア紀→カンブリア紀→オルドビス紀→シルル紀→デボン紀→石炭紀→ペルム紀→三畳紀→ジュラ紀→白亜紀

> **Good!** 下段には、恐竜の生きていた時代についても年表形式でまとめられています。時代の流れを意識することで、考古学や生物学の分野への興味も広がることでしょう。

49

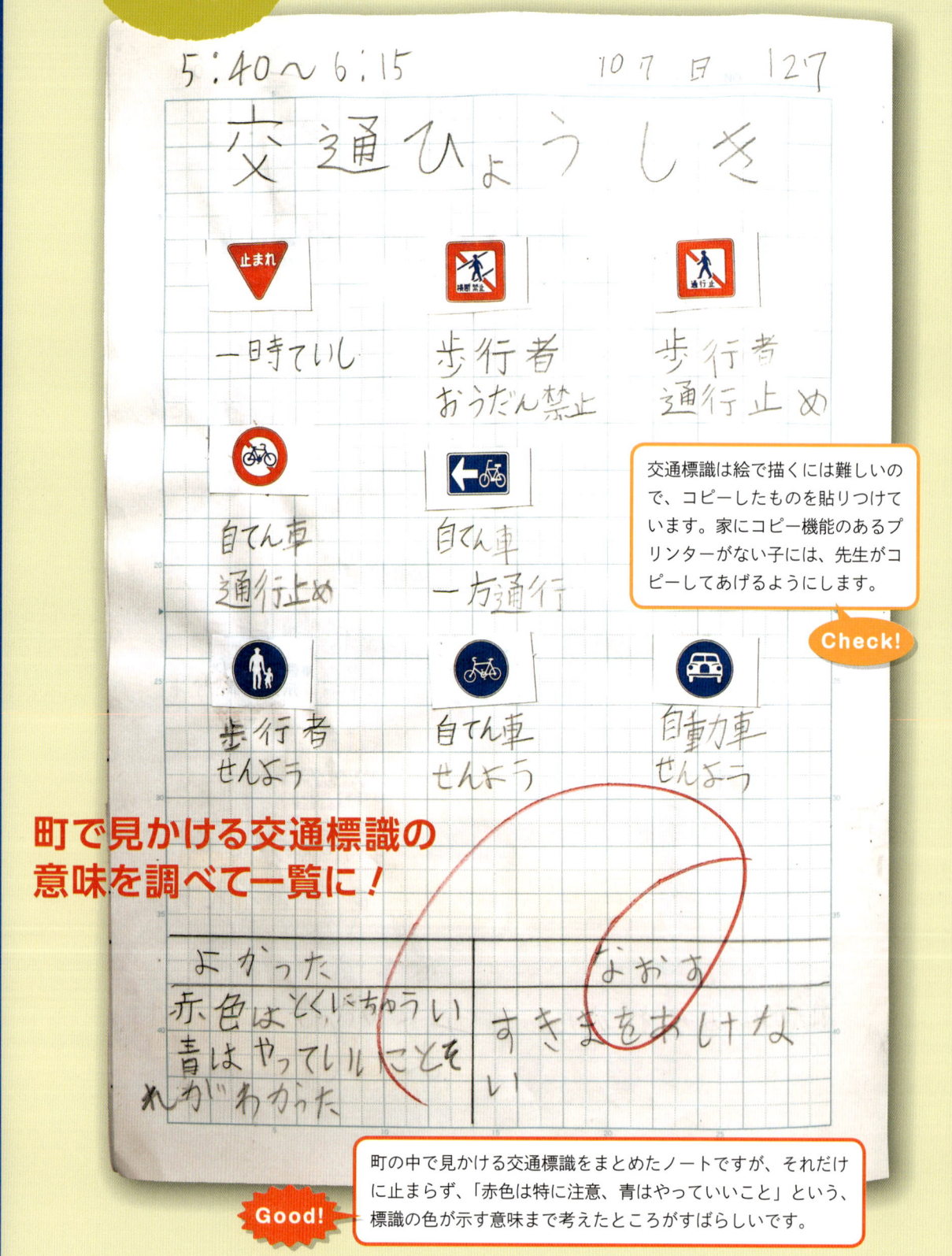

低学年 自主学習ノート紹介

生活　交通ひょうしき

町で見かける交通標識の意味を調べて一覧に！

> **Check!**
> 交通標識は絵で描くには難しいので、コピーしたものを貼りつけています。家にコピー機能のあるプリンターがない子には、先生がコピーしてあげるようにします。

> **Good!**
> 町の中で見かける交通標識をまとめたノートですが、それだけに止まらず、「赤色は特に注意、青はやっていいこと」という、標識の色が示す意味まで考えたところがすばらしいです。

調べ学習　カエルのかんさつ

> カエルの姿をよく観察して、上手に絵で表しています。生き物や植物を観察するときには、絵で表したり、写真を貼ったりすると、その様子が見る人により伝わりやすくなります。

Good!

ワクワクメニュー

第3章　自主学習　おすすめメニュー紹介

Hint!
身近な生き物や植物を見ておもしろいと感じたら、ぜひ図鑑などで調べて、自主学習ノートにまとめてみましょう。自分で調べる習慣をつけると、自主学習がどんどんおもしろくなっていきます。

生き物の観察結果を絵と文字で上手にまとめたノート

低学年　自主学習ノート紹介

図工

はり絵

Good!
牛乳びんのふたや、鉛筆の削りかすなどをノートに貼って、すてきなアートに仕上げました。お絵かきや工作も、りっぱな自主学習になります。

料理

うどんづくり

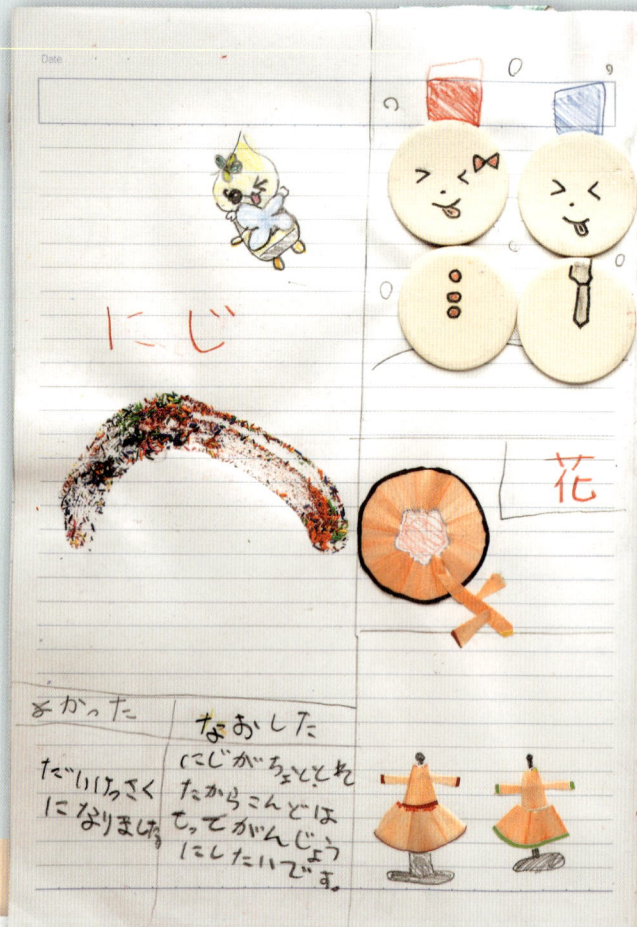

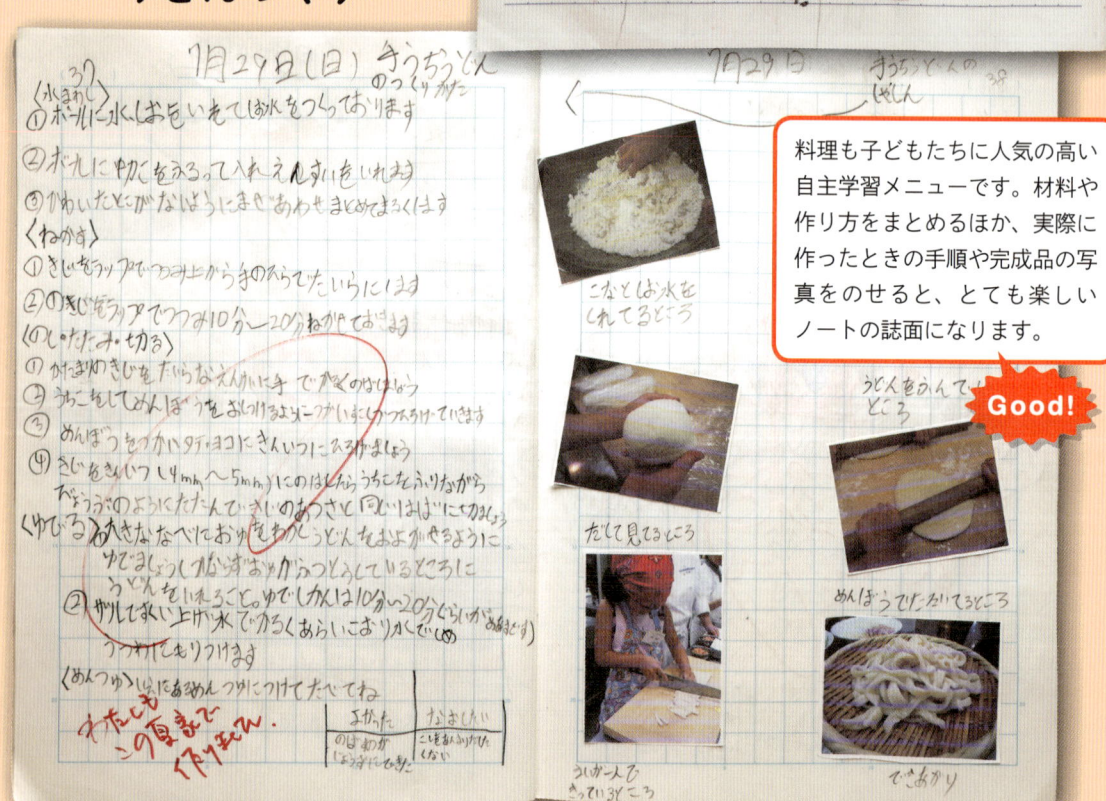

料理も子どもたちに人気の高い自主学習メニューです。材料や作り方をまとめるほか、実際に作ったときの手順や完成品の写真をのせると、とても楽しいノートの誌面になります。

Good!

調べ学習

色のふしぎ

Good!

「色はどうして見えるの？」という素朴な疑問について、自分で調べてまとめたノートです。「ものの三原色（色の三原色）」「光の三原色」など、低学年にとってはやや難しいと思われる内容まで、しっかり調べられています。

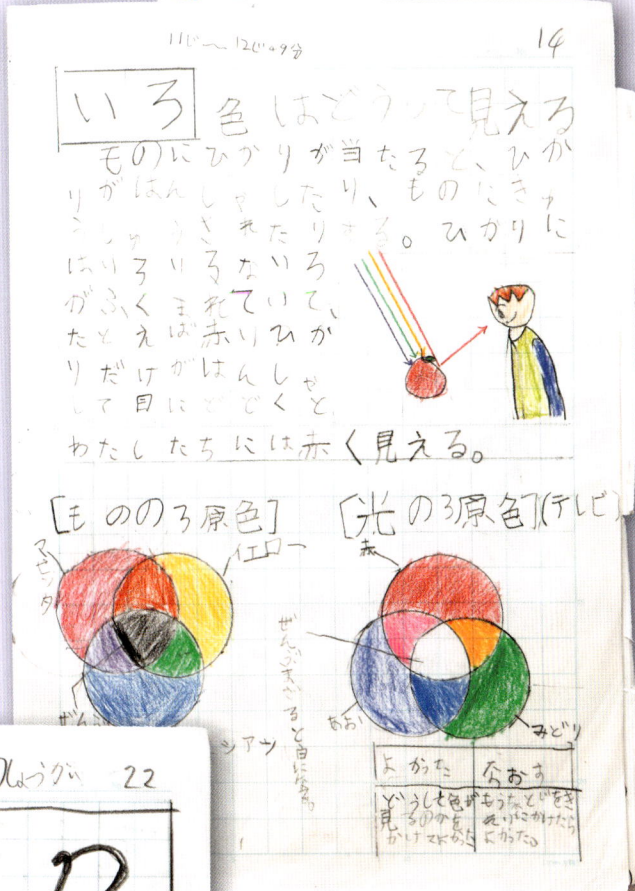

音楽

音楽の記号や言葉

Hint!

音楽の学習はノートではやりにくいと思われるかもしれませんが、このノートのように音楽記号についてまとめたり、楽器の種類を調べたり、有名な歌の歌詞の意味を調べたりと、いろいろなアイデアがあります。

第3章　自主学習　おすすめメニュー紹介

ワクワクメニュー

低学年　自主学習ノート紹介

調べ学習　くもとあめときりのなぞ

Hint!
雲と雨と霧の違いについて、「自分の考え」「調べてみたこと」「びっくりしたこと」「ふりかえり」を表の形でわかりやすくまとめています。絵や色を使うと、もっと見やすいノートになりそうですね。

お楽しみ　キャラクターづくり

Check!
自主学習では、自分だけのキャラクターを作ることも大切にしています。キャラクターを作ることで学習が楽しくなるだけでなく、キャラクターに学習のポイントを説明させることで、学習への理解を深めることもできます。

ワクワクメニュー

絵日記

音楽会のれんしゅう

Hint!
日記も、自主学習では定番のメニューです。文字だけの日記でももちろんいいのですが、特に低学年のうちは、絵日記にすることで、できごとや自分の感情をよりよく表現することができます。

調べ学習

いも車について

Good!
おじいさんの家にあったという「いも車（里芋を洗う道具）」について調べたノート。写真と文章の組み合わせで、どのような道具かがよく説明できています。

第3章 自主学習 おすすめメニュー紹介

中学年 自主学習ノート紹介

社会科　都道府県庁所在地調べ

白地図のコピーや文字の色分けを活用して美しく、見やすい都道府県庁所在地リストに！

Good!
日本地図と都道府県名、都道府県庁所在地名のリストを見開きの2ページにうまくまとめています。自主学習に慣れてくると、ページの使い方も上手になっていきます。

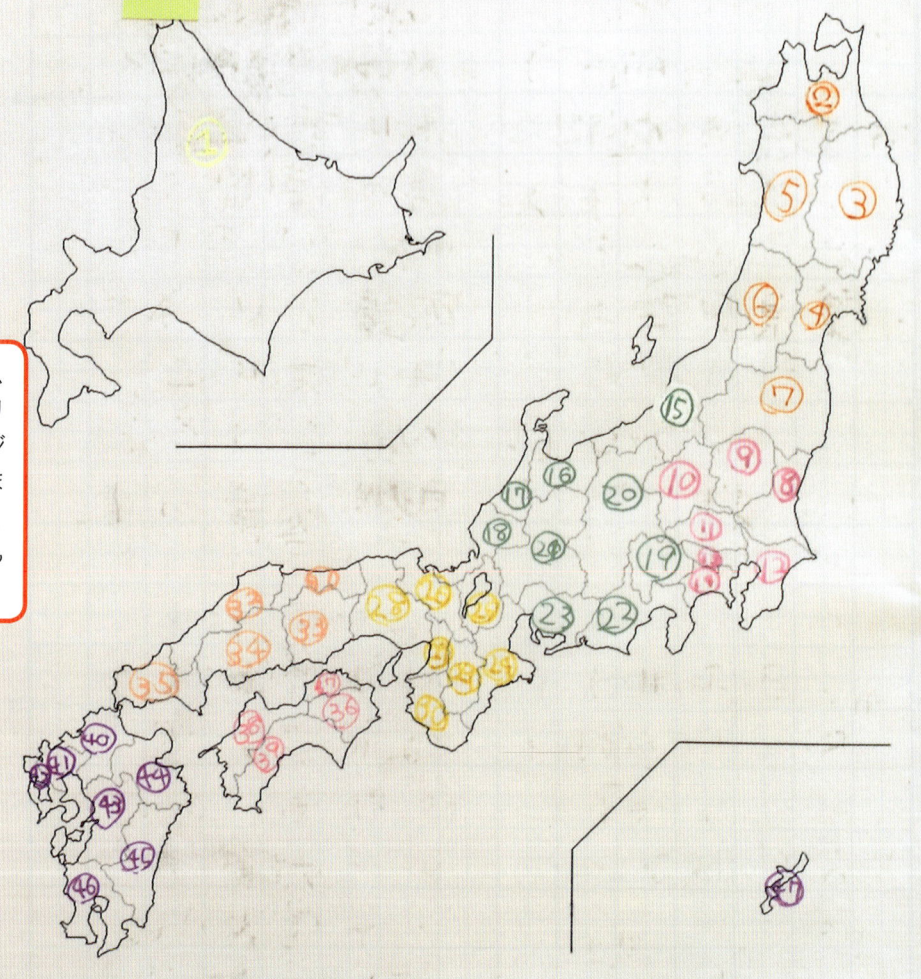

Check!
地図は、白地図をコピーしたものを貼りつけています。書き写すのは時間がかかりすぎるので、地図や写真、資料などはコピーを上手に活用しましょう。

バッチリメニュー

> **Good!** 東北地方はオレンジ、関東地方はピンクというように、地方ごとに色分けをしているのもすばらしいアイデアです。色ペンを活用することで、美しく、見やすいノートを作ることができます。

第3章 自主学習 おすすめメニュー紹介

○→○プ
みやすくきれいに
29A

① 宮ぎ県（仙台市）
② 秋田県（秋田市）
③ 山形県（山形市）
④ 福島県（福島市）
⑤ いばらき県（み戸市）
⑥ とちぎ県（うつの宮市）
⑦ ぐんま県（前ばし市）
⑧ さい玉県（さいた市）
⑨ 千葉県（千葉市）
⑩ 東京都（東京）
⑪ 神な川県（横はま市）
⑫ にいがた県（にいがた市）
⑬ と山県（と山市）
⑭ 石川県（金さわ市）
⑮ 福井県（福井市）
⑯ 山梨県（甲府市）
⑰ 長野県（長野市）
⑱ ぎふ県（ぎふ市）
⑲ しず岡県（しず岡市）
⑳ 愛知県（名古屋市）
㉑ 三重県（つ市）
㉒ しが県（大津市）

㉓ 京都府（京都市）
㉔ 大阪府（大阪市）
㉕ ひょうご（神戸市）
㉖ なら（奈良市）
㉗ 和歌山県（和歌山市）
㉘ 鳥取県（鳥取市）
㉙ 島根県（松江市）
㉚ 岡山県（岡山市）
㉛ 広島県（広島市）
㉜ 山口県（山口市）
㉝ とく島県（とく島市）
㉞ 香川県（高松市）
㉟ 愛ひめ県（松山市）
㊱ 高知県（高知市）
㊲ 福岡県（福岡市）
㊳ 佐賀県（佐賀市）
㊴ 長崎県（長崎市）
㊵ 熊本県（熊本市）
㊶ 大分県（大分市）
㊷ 宮崎県（宮崎市）
㊸ かごしま県（かごしま市）
㊹ おきなわ県（なは市）

> **Hint!** このページと同じ発想で、都道府県ごとの特産品や産業についてまとめたり、世界各国の首都や国旗についてまとめてみるのもいいでしょう。

57

中学年 自主学習ノート紹介

理科 体のつくり

Good!
罫線による区分けや、色つきの図解、自分なりの疑問と調べてわかったこと、そして学習後の気づきなどを美しくまとめたノートです。ここまでのノートが作れれば、自主学習の力はかなりついていると言えます。

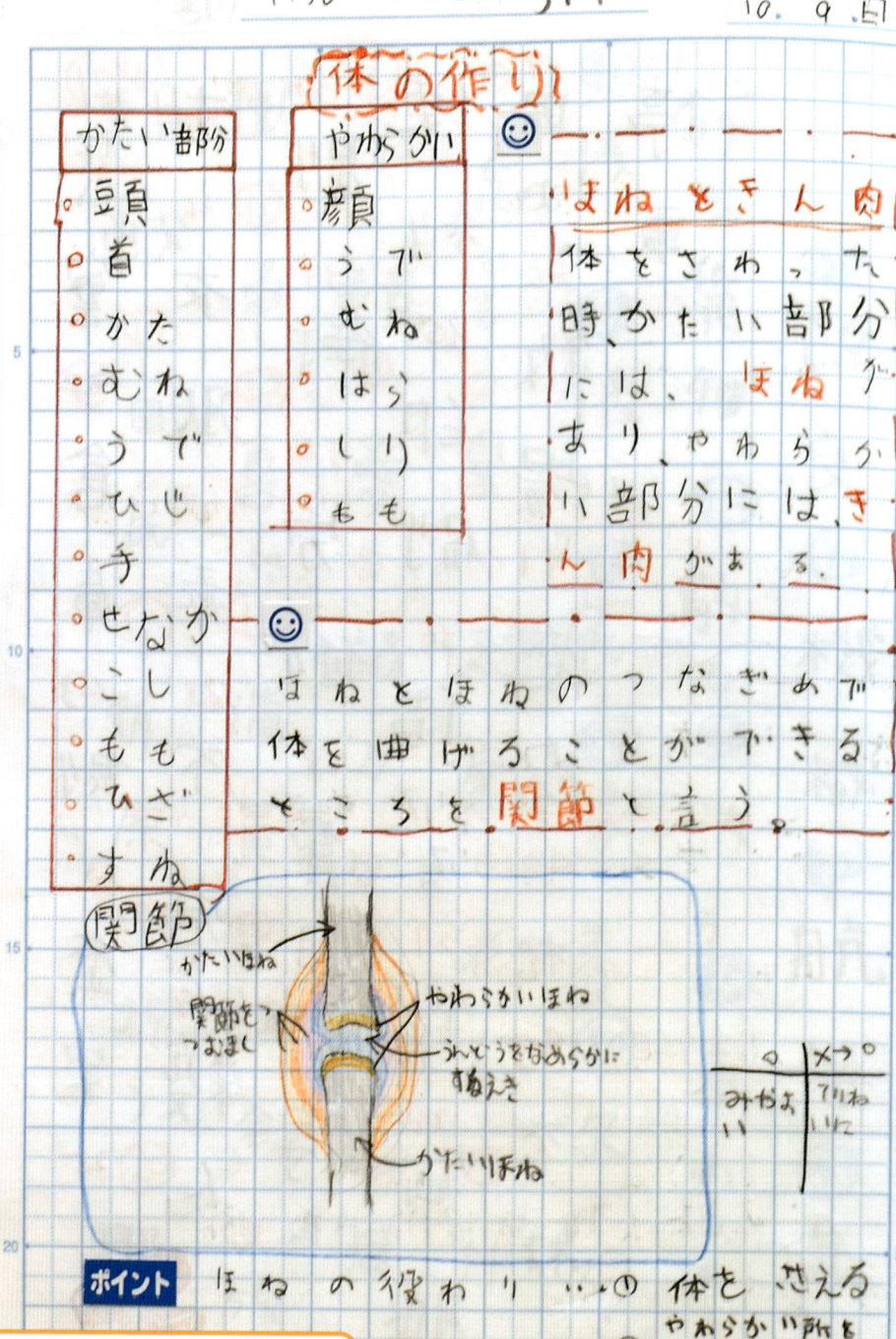

Check!
シールや記号を使って「ポイント」や「まとめの内容」などをわかりやすく示すのも、見やすいノートを作る上で大事なポイントです。

骨や筋肉、関節の働きを図と文で詳しくまとめた秀逸なノート

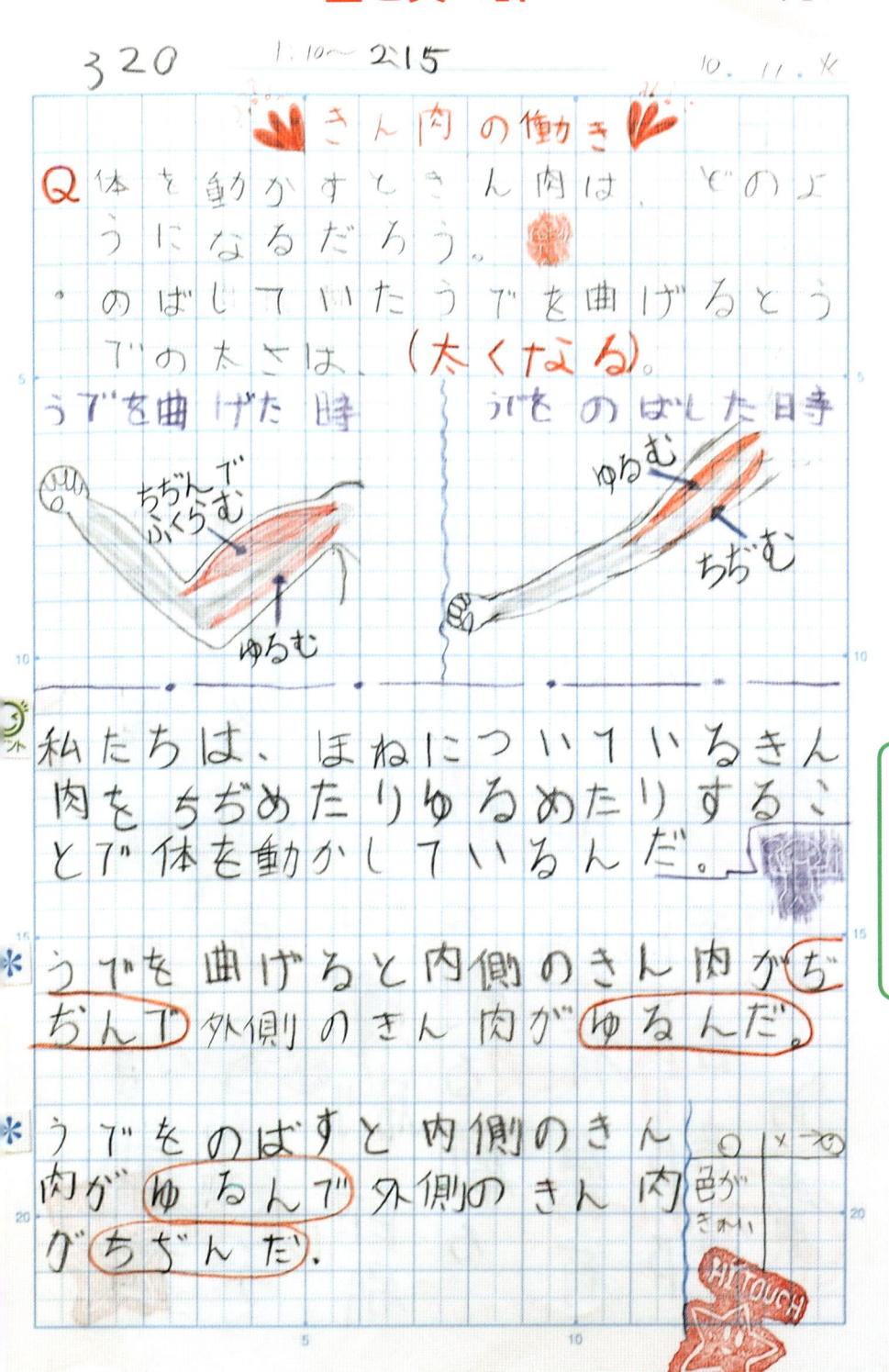

さん肉の働き

Q 体を動かすとさん肉は、どのようになるだろう。
・のばしていたうでを曲げるとうでの太さは（太くなる）。

うでを曲げた時　　　うでのばした時

（図：うでを曲げた時—ちぢんでふくらむ／ゆるむ　　うでをのばした時—ゆるむ／ちぢむ）

私たちは、ほねについているきん肉をちぢめたりゆるめたりすることで体を動かしているんだ。

＊うでを曲げると内側のきん肉がちぢんで外側のきん肉がゆるんだ。

＊うでをのばすと内側のきん肉がゆるんで外側のきん肉がちぢんだ。

Hint!
学習の最後に、この日の勉強でわかったことや気づいたことをまとめると、知識がすっきりと整理され、理解を深める助けにもなります。

中学年 自主学習ノート紹介

国語　漢字テスト

> 漢字のテストに向けた書き取りの練習です。ひらがな文、漢字かなまじり文をすべて自分で書いたほか、採点まで自分で行ったのがすばらしい点です。

Good!

ノートの見開き2ページを縦に使って漢字の書き取りをきれいにまとめる

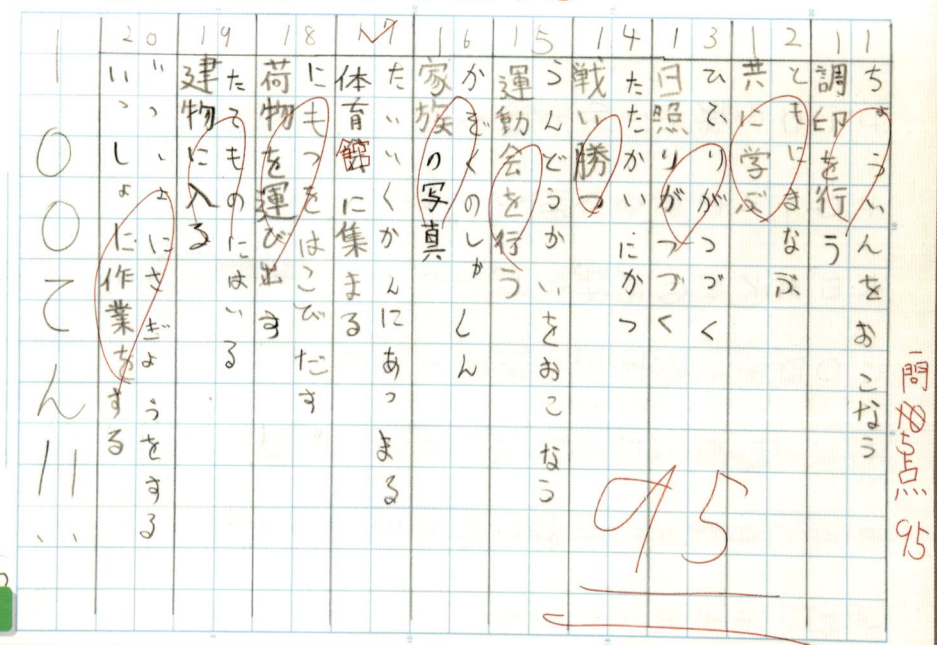

Hint!

ノートの見開き2ページを縦に使うことで、書き取りの練習をきれいにまとめることができています。ノートの向きも、学習内容に応じて使い分けましょう。

バッチリメニュー

算数　わり算の筆算

5/4　10時～11時35分
〈ばっちりメニュー〉

わり算の筆算の予習

72÷3 のやりかた

3)72　2

7÷3で十の位に2をたてる

十の位の計算

70÷3の20だね

3)72　2／6
3と2をかける

→

3)72　2／6／1
注意
7から6をひく
70÷3でのこった10

→

3)72　2／6／12
一の位の2をおろす

じゅん番で言うと
①たてる　②かける
③ひく　　④おろす だね

Check!
わり算の筆算の予習です。わり算に限らず、算数の筆算を学習するときは、余白を思い切って広くとると、書きやすく、見やすいノートになります。

オリジナルキャラクターを学習ポイントの説明役として活用

Good!
かわいいキャラクターを効果的に使っています。キャラクターのセリフとして計算の手順を説明させることで、自分の理解度を客観的に測ることができます。

第3章　自主学習　おすすめメニュー紹介

中学年 自主学習ノート紹介

国語　漢字練習

> 漢字の練習は、あらかじめ枠だけを印刷したプリントを用意しておき、それをノートに貼りつけて書くと効率的に学習できます。

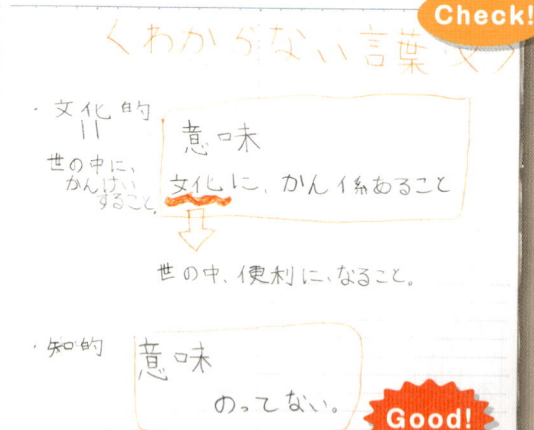

Check!

Good!

> ただ漢字を書くだけでなく、右ページでわからない言葉の意味を調べているのもいいですね。このように学習を進めると、言葉の力がぐんぐん伸びていきます。

理科　植物の観察

Good!

> 身近に見られる植物をよく観察し、カラフルなイラストとともにわかりやすくまとめています。観察して気づいたことがしっかり書けているのも、すばらしいですね。

バッチリメニュー

算数　分数の予習

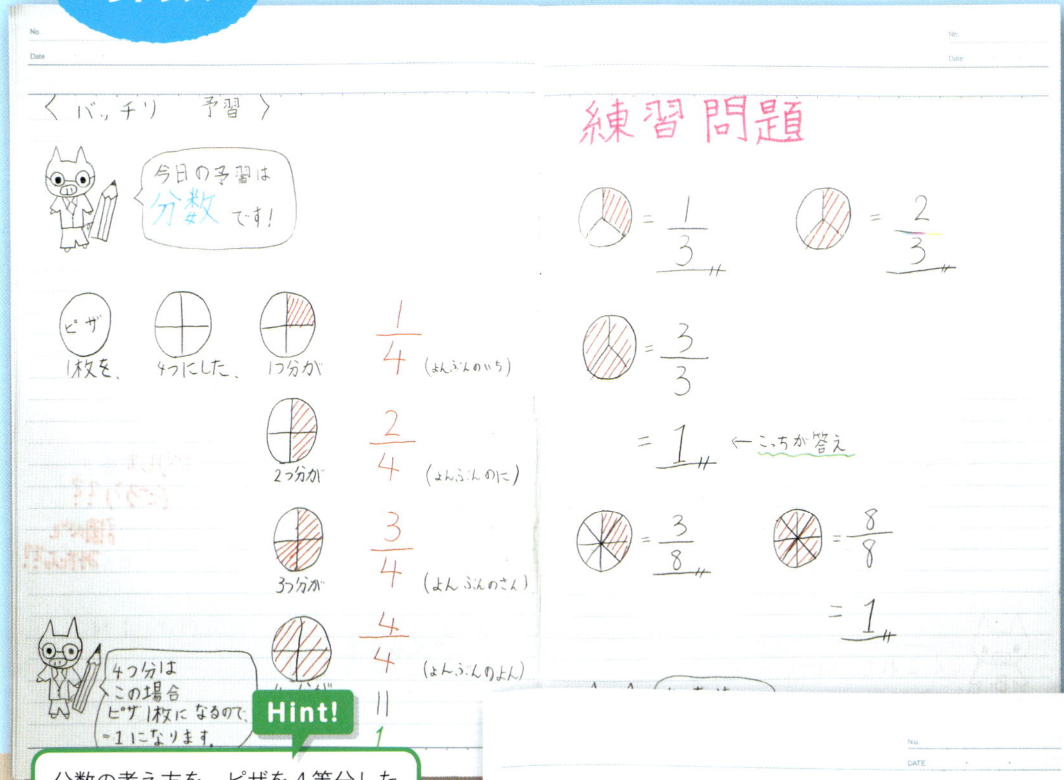

Hint!

分数の考え方を、ピザを4等分した図でまとめています。右ページには練習問題がありますが、自分で問題を考え、解いてみるのは、算数の力をつけるとてもいい学習法です。

国語

ローマ字

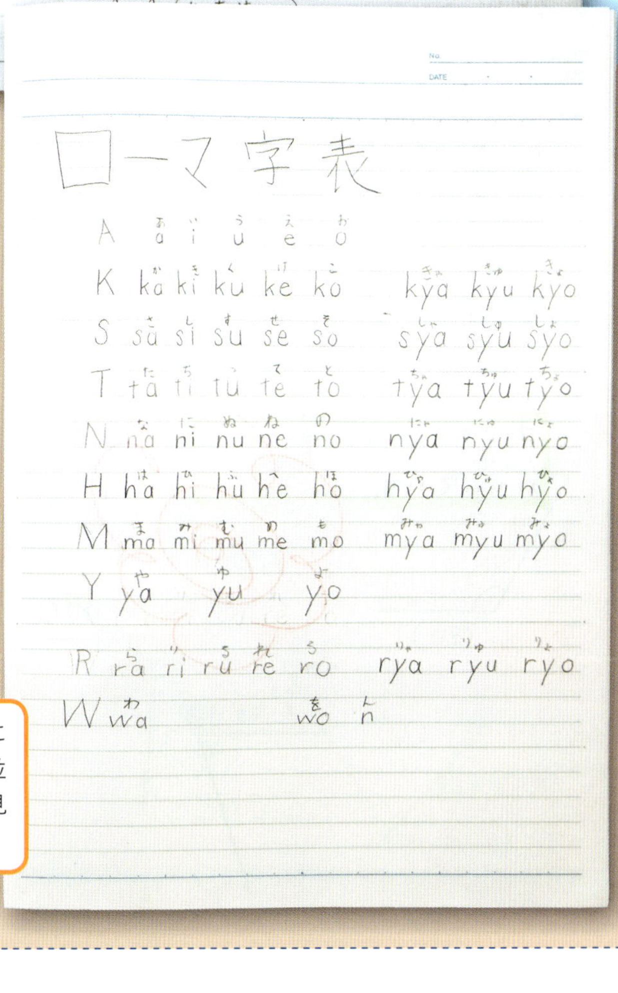

Check!

ローマ字の表を、ノートの1ページにきれいにまとめています。縦・横の並びをきちんと揃えることで、とても見やすいノートになっています。

第3章　自主学習　おすすめメニュー紹介

63

中学年 自主学習ノート紹介

算数　数に終わりはあるの？

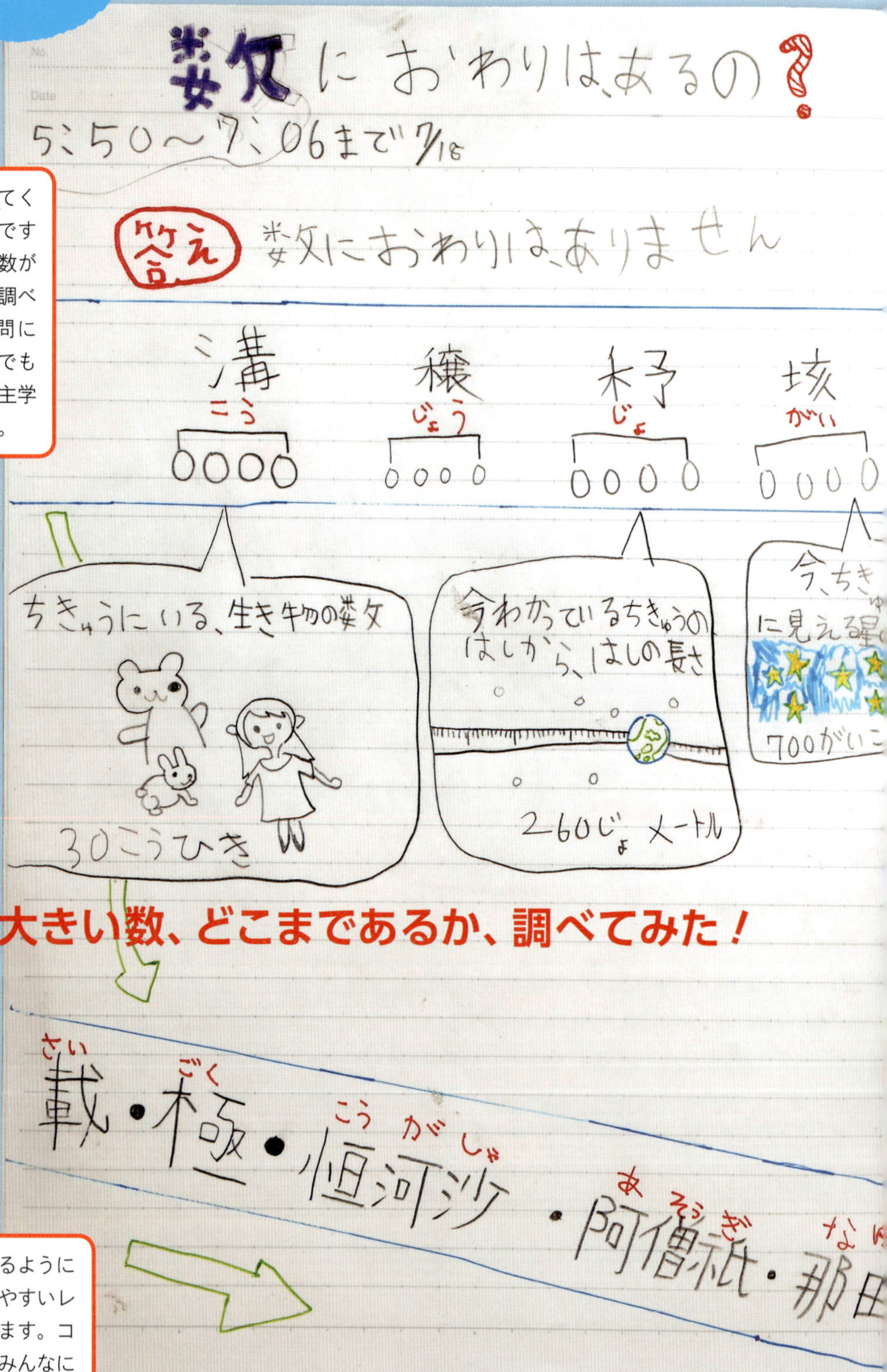

Good!
3年生の教科書に出てくるのは1億までの数ですが、それより大きな数がどこまであるのかを調べたノートです。疑問に思ったことをどこまでも調べられるのが、自主学習のいいところです。

1億よりも大きい数、どこまであるか、調べてみた！

Good!
ノートをほぼ一周するように数の単位を並べ、見やすいレイアウトになっています。コピーして、クラスのみんなに配りたくなるできばえです。

ワクワクメニュー

第3章 自主学習 おすすめメニュー紹介

Check!
「地球一周4,000万メートル」「日本の人口1億3,000万人」「日本が1年間に使うお金90兆円」など、単位ごとに数の大きさを実感できる例を盛り込んでいるのもすばらしいアイデアです。

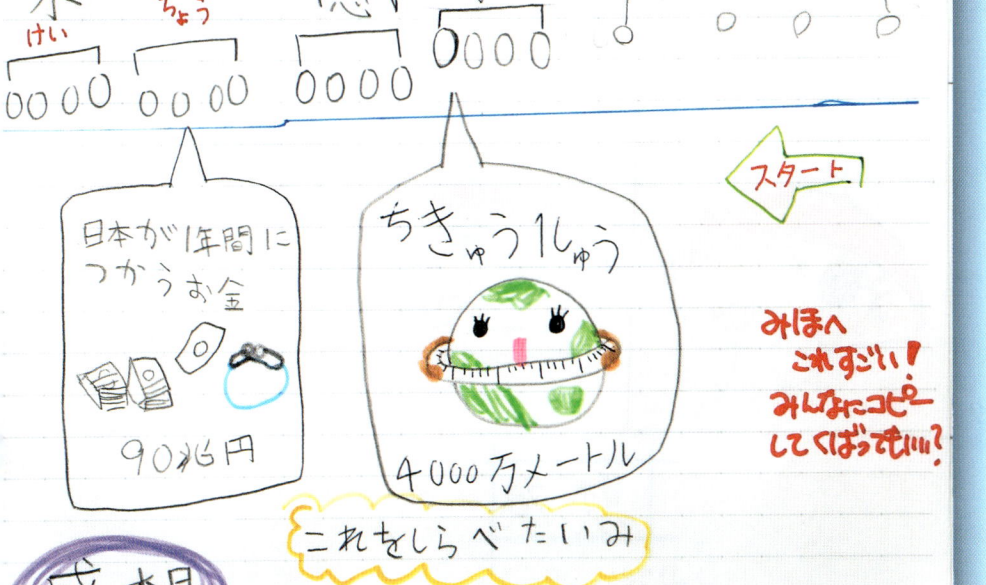

Check!
「調べた意味」や、「ポイント」、「感想」など、学習後のまとめもしっかり書けています。

ちきゅうにいる虫のかず　10兆ひき

日本の人口　1億3万人

かみのけの数　10万本

京（けい）　兆（ちょう）　億（おく）　万（まん）　千（せん）　百（ひゃく）　十（じゅう）

0000　0000　0000　0000

日本が1年間につかうお金　90兆円

ちきゅう1しゅう　4000万メートル

スタート →

みほへ　これすごい！みんなにコピーしてくばっても!!!?

これをしらべたいみ
先生が「しらべてくるといいよ」と言ったから

感想
こんなに数字があるなんてしらなかった！おもしろい！でも、「ふかしぎ」や「むりょうたいすう」はなにに つかうの？しかもかんじむずかしい。先生かける？

本当だよね〜　31年間の中でつかったことが　ぼくはかけないなぁ〜

ポイント
・不可思議（ふかしぎ）　・無量大数（むりょうたいすう）

むりょうたいすうより大きな数は、ありますでも、その数はよみかたがきまってません

> 中学年　自主学習ノート紹介

工作　おりがみでパンダを作る

Good!
折り紙で作った2つのパンダを、そのまま貼りつけた自主学習ノートです。かわいらしく仕上げた力作で、見ているだけで楽しくなってきます。

おりがみでパンダを作る
5/9 5:14〜5:36

パンダ

目などをかかなくても、かわいいよ♥

パンダ

A

B

色をかえてもいいと思う

Hint!
このノートのように、描いた絵や作った作品、写真などを直接貼りつけるのも、楽しいノートづくりの一つのアイデアです。

自作の折り紙をそのままノートに貼って、作り方もていねいに解説

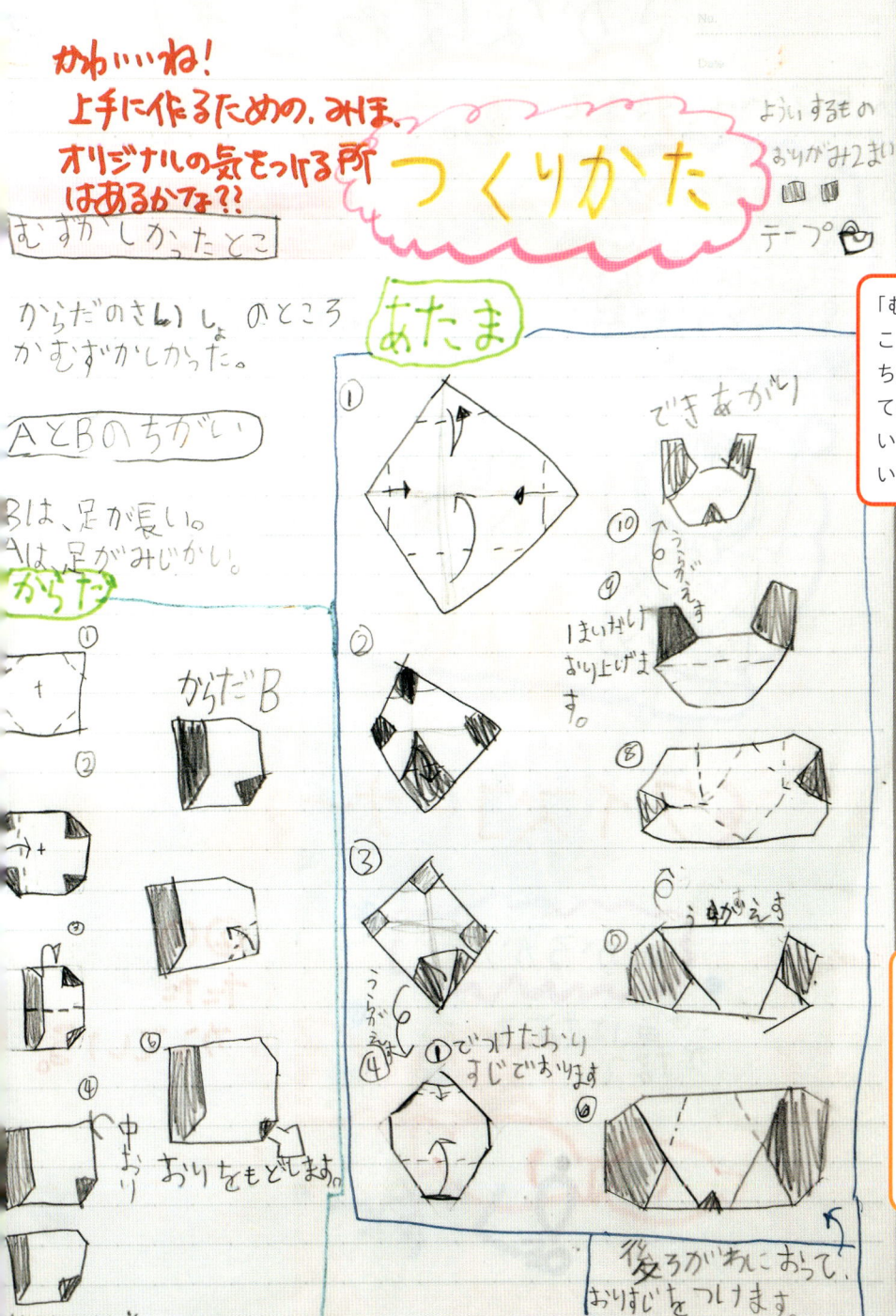

第3章 自主学習 おすすめメニュー紹介

ワクワクメニュー

Good!
「むずかしかったところ」「AとBとのちがい」など、作ってみての気づきを書いているところもいいですね。

Check!
頭と体の折り方を、図解でていねいに解説しています。折り方を図で説明するのはかなり難しいですが、がんばって書き上げました。

かわいいね！
上手に作るための、みほオリジナルの気をつける所はあるかな？？

つくりかた

よういするもの
おりがみ2まい
テープ

むずかしかったとこ

からだのさいしょのところがむずかしかった。

AとBのちがい
Bは、足が長い。
Aは、足がみじかい。

からだ

あたま

できあがり

1まいがわおり上げます。

うらがえす

うらがえす

①でつけたおりすじでおります。

後ろがわにおって、おりすじをつけます。

からだA ※ここからは、からだB

67

中学年 自主学習ノート紹介

国語　ことわざの意味調べ

ことわざの意味を楽しいマンガで表現

Good!
ことわざの意味を調べる学習ですが、それをマンガで表現したところがすばらしい！意味を自分で考え、それをストーリーに落とし込むことで、意味がより深く理解でき、考える力もついていきます。

Hint!
学習したことをマンガやイラストでまとめるというのは、ほかのさまざまな学習に応用できるアイデアです。子ども本人も楽しく、飽きずに取り組むことができます。

ワクワクメニュー

社会　世界の国旗

世界各国の国旗を調べて色鉛筆でていねいに色づけ

第3章　自主学習　おすすめメニュー紹介

4/25 4時15分から、5時30分まで

1つ1つ
ていねいに
できてるね

日本	インドネシア	スイス	フィンランド
ドイツ	ギニアビサウ	タイ	ウクライナ
エストニア	バングラデシュ	ラトビア	アルメニア
カメルーン	フランス	リビア	モナコ
コートジボワール	ラオス	ルーマニア	イエメン
ソマリア	デンマーク	ナイジェリア	ドイツ

Good!
世界の各国の国旗を調べ、色鉛筆を使ってカラフルに仕上げました。一つひとつ、ていねいに描けています。

Hint!
世界の国旗調べは、子どもたちに人気の学習メニューです。このほかに、世界の国調べ、世界の首都調べ、世界の通貨調べなどのメニューもあります。

中学年　自主学習ノート紹介

調べ学習　花火に色があるのはなぜ？

Good!
「花火にいろいろな色があるのはどうしてだろう？」という疑問について調べ、色を使ってきれいにまとめました。見出しを花火のように装飾しているのも楽しいですね。

花火に関する素朴な疑問を調べて、カラフルにまとめたノート

Good!
字もとても美しく書けています。自分の自主学習ノートだからといっていいかげんに書くのではなく、いつでもていねいな字を書くように心がけることはとても大切なことです。

ワクワクメニュー

英語　動物英単語

> アルファベット順に、動物を表す英単語を調べ、絵とともにまとめています。絵もかわいく描けていて、楽しく学習している様子が伝わってきます。

Good!

調べ学習　点字さがし

> 社会科の調べ学習で、家の中にある点字を探したという子のノートです。ここでも、どんな物のどこにどんな点字があったかが、わかりやすく絵で示されています。

Check!

第3章　自主学習　おすすめメニュー紹介

71

中学年　自主学習ノート紹介

国語　音訓漢字歌

> **Hint!** 漢字の音読みと訓読みを盛り込んだ漢字歌の学習です。漢字歌を唱えながら練習することで、漢字の読みや文の中での使い方、意味などを無理なく覚えることができます。

調べ学習　金環日食について

> **Good!** 2012年5月に日本でも見ることができた「金環日食」について調べたノートです。不思議な現象ですが、こうして図にしてみると、その原理がよくわかります。

調べ学習　もののはじまり

> **Hint!**
> えんぴつや消しゴム、ランドセルなど身近なものの始まりについて調べました。このように、「〜のはじまり」「〜のしくみ」「〜のふしぎ」など、テーマを決めて調べ学習に取り組むのもいいアイデアですね。

お楽しみ

リーダーシップについて

> **Good!**
> 「リーダーシップってどんなものだろう？」というテーマで、自分なりの考えをまとめたノートです。「リーダーには、頭のいい人だけじゃなく、だれでもなれる」という気づきもすばらしいですね。

ワクワクメニュー

第3章　自主学習　おすすめメニュー紹介

73

中学年 自主学習ノート紹介

絵日記 — チビママ大公開

> まだ赤ちゃんの弟さんの面倒をみる自分（チビママ）の日常を絵とコメントで表した絵日記です。おむつを替えたり、だっこをしたりと、面倒見のいいお姉さんの姿がほほえましいですね。

Good!

社会 — 世界の国ランキング

Hint!
世界の国の面積を調べ、広い順にランクづけしたノートです。このほか、面積の狭い国ランキング、人口多い国ランキング、面積の広い都道府県ランキングなどのバリエーションもあります。

調べ学習

自転車について

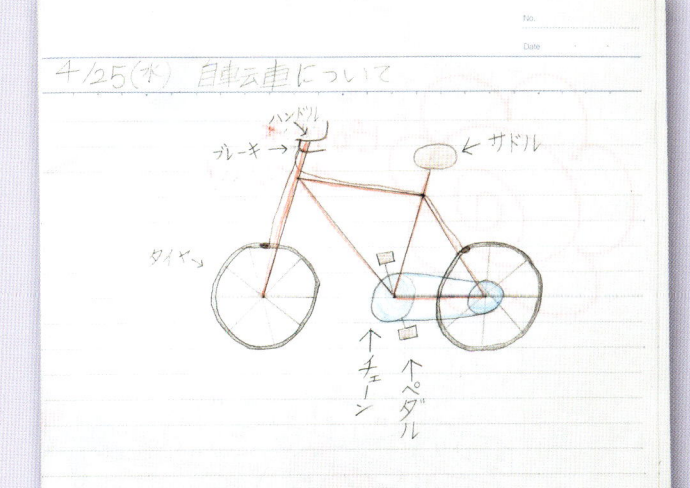

Good!

普段何気なく載っている自転車も、調べてみるといろいろなことがわかります。「仕組みがいっぱいあって、すごいものだとわかりました」という感想がいいですね。

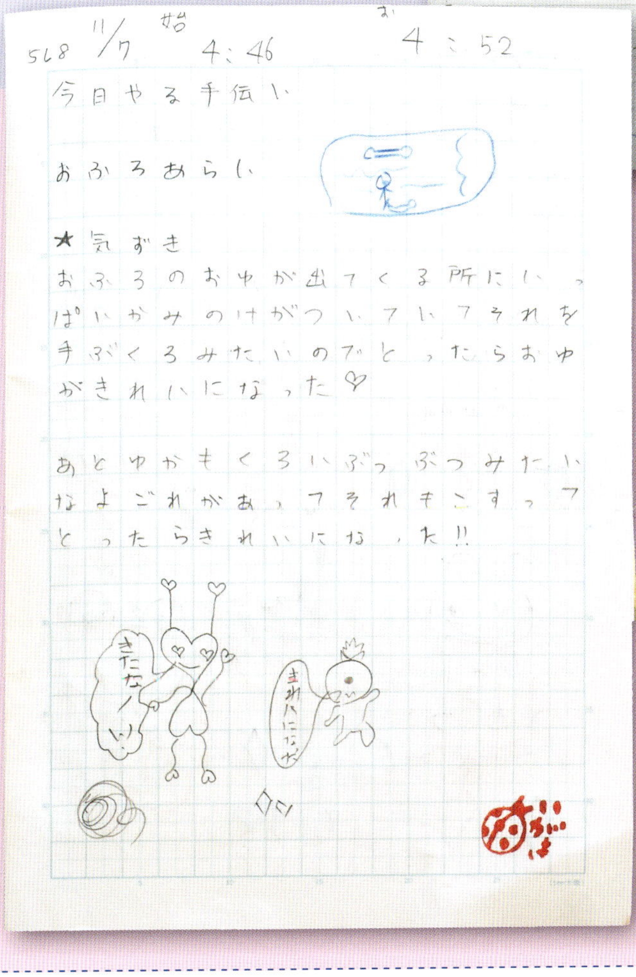

お手伝い

おふろそうじ

Hint!

お手伝いも立派な自主学習です。掃除や買い物など、ただ手伝うだけでなく、そこで得た気づきや自分がした工夫などをノートにまとめましょう。

ワクワクメニュー

第3章 自主学習 おすすめメニュー紹介

COLUMN

才能をバランスよく伸ばす マルチプルインテリジェンス

「8つの能力」を意識した学習メニュー選び

　突然ですが、次の中で「天才」は一体、誰でしょうか？
- 『奥の細道』の松尾芭蕉
- 世界最速ランナーのウサイン・ボルト
- 貧しい人々への奉仕活動をしたマザー・テレサ
- 『森へ』の作者・星野道夫
- 江戸時代の数学家・関孝和
- クラシック作曲家のモーツァルト
- 古代哲学者のアリストテレス

　いずれも教科書で学ぶ人物ばかりです。そうですね。悩みますよね。正解は、「全員が天才」です。「そんなのあり!?」と思われるかもしれませんが、ここに挙げた誰もが、その道の一流の人たちばかりです。

　しかし、こういった能力は特別な人たちだけのものではありません。実は、私たち誰もが同じようにこのような"天才の芽"を持っています。今の学校の勉強では、つい国語や算数といった主要科目の学力へと目がいってしまいますが、どんな子どもたちの中にある"天才の芽"をバランスよく育てることはとても大切なことです。

　アメリカ・ハーバード大学のハワード・ガードナー教授は、人間の才能は国語や算数といったものだけではないはずだとして、「マルチプルインテリジェンス」という考え方を提唱しました。マルチプルインテリジェンスとは、「言語能力」「論理的・数学的能力」「空間能力」「身体・運動能力」「音感能力」「人間関係形成能力」「自己観察・管理能力」「自然との共生能力」の8つの能力のうち、自分の得意な方向から学習にアプローチをすることで人の力が伸ばしやすくなるという考え方です。最近では、9つ目の能力として、調べ学習に活用する能力である「デジタル能力」も挙げられています。

　この「マルチプルインテリジェンス」は20年ほど前に提唱され、世界ではすでに当たり前のように使われている学力観です。もちろん、日本の教育でも、小学校の国語、算数に加え、理科、社会、音楽、体育、図工、道徳などさまざまな教科、領域の力をバランスよく育てようとしていますが、そこで大切なことは、どの才能も等しく重要であり、苦手な能力を作らずにバランスよく教育するということです。そして、その上で、自分の得意な才能に合わせた学び方を身につけることは、その子にとっての「理解しやすさ」や「学びやすさ」につながります。

　その意味で、子どもたちが「8つの能力」のうちで自分にとって興味のある能力を知っ

ていることは重要であり、それを意識しながら自主学習に取り組むことはとても有効です。自主学習のメニューで「8つの能力」を意識して取り組み、子どもたちの自分の得意な学び方を見つけるきっかけをつくりましょう。子どもたちが自分の得意な能力を知っていることは財産になります。

　以下に、マルチプルインテリジェンスを意識した学習メニューを紹介します。バッチリメニューやワクワクメニューも「マルチプルインテリジェンス」という大きな視点で見ると、どれも大切な学力ということがわかってくるはずです。

言語能力	● 新出漢字練習　● 漢字テスト練習　● 詩を書く ● 作家活動　● 英語、ローマ字練習 ● 四字熟語　● 読書・俳句や短歌づくり
論理的・数学的能力	● 計算ドリル　● 算数問題づくり ● 理科の実験手順　● 教科書の問題の復習 ● 料理の作り方　● 買い物の価格比べ
空間能力	● イラスト　● サインづくり ● マインドマップ　● キャラクターづくり ● 折り紙やはり絵　● 学習4コマ漫画
身体・運動能力	● リフティング10回練習　● 筋力トレーニング ● バッティング素振り50回　● 粘土あそび ● ブロックあそび
音感能力	● ピアノやオルガンの練習　● 曲づくり ● 学習を歌にしてみる　● 音楽鑑賞の感想 ● おすすめの歌　● リズムで都道府県暗記
人間関係形成能力	● 友だちのいいところさがし　● 家族紹介 ● クラスのことについて　● 先生の観察日記 ● 外遊び　● 困っていることの解決案
自己観察・管理能力	● 自主学習のふりかえり　● 今月、今週の目標づくり ● 運動会や音楽会などの行事のふりかえり ● 学習を生活に活かせたこと　● テスト見直し
自然との共生能力	● 動物観察　● 星座調べ ● ペット紹介　● 草花調べ ● 環境にやさしい取り組み　● 生き物の飼育の仕方

高学年 自主学習ノート紹介

国語　漢字練習

Good!
5年生の漢字練習ノートです。高学年らしく、美しくていねいな字でまとめられています。このようなきれいなノートができると、勉強するのがますます楽しくなります。

Check!
この実例では、5mmの方眼ノートを使っています。太い罫線がちょうど1cm刻みになるので、高学年には国語の漢字練習にも、算数の計算練習にも使いやすいノートです。

バッチリメニュー

マス目にきっちり、美しく
高学年らしい、成長が感じられるノート

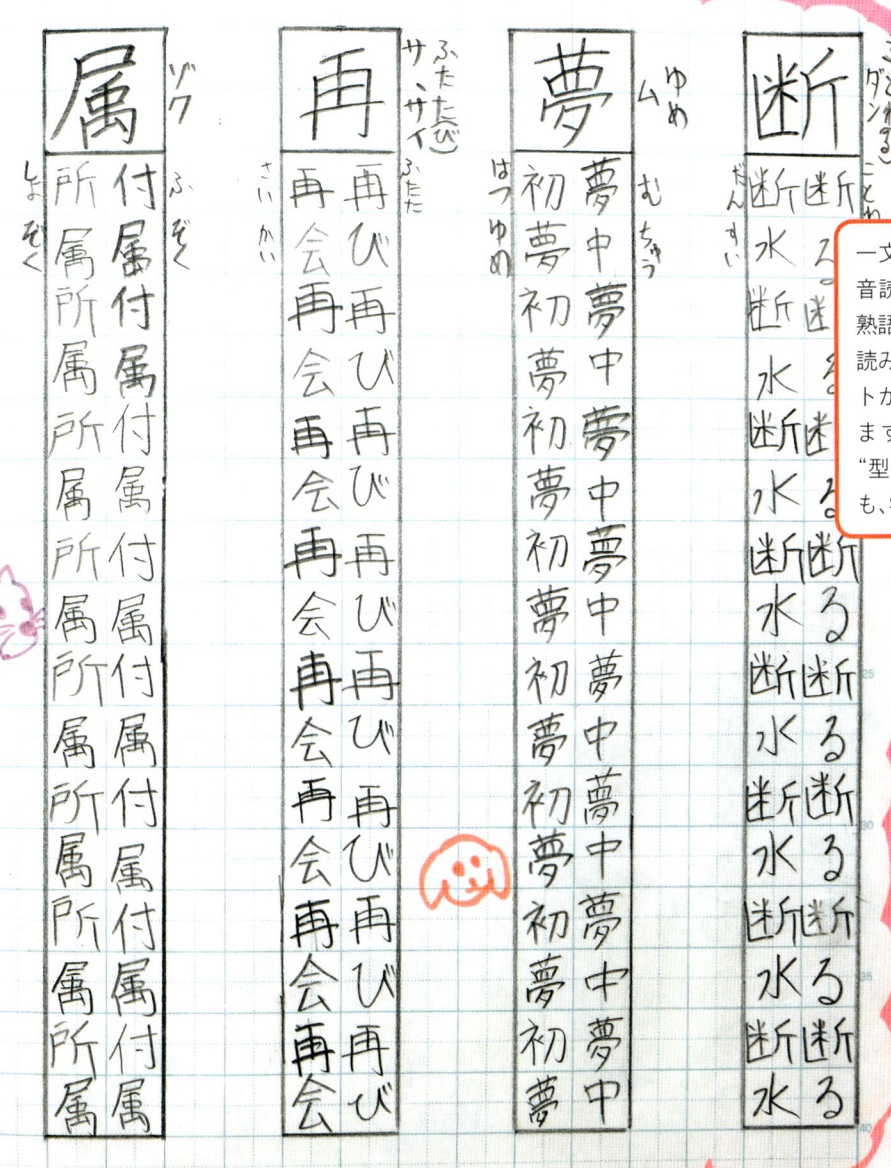

第3章 自主学習 おすすめメニュー紹介

4.28 No.33

属 ゾク / つく ふぞく	再 サ・サイ / ふたたび ふたた	夢 ム / ゆめ むちゅう はつゆめ	断 ダン / ことわる たつ だんすい
付属 所属 付属 所属 付属 所属 付属 所属 付属 所属 付属 所属 付属 所属 付属 所属 付属 所属 付属 所属	再び 再会 再び 再会 再び 再会 再び 再会 再び 再会 再び 再会 再び 再会 再び 再会 再び 再会 再び 再会	夢中 初夢 夢中 初夢 夢中 初夢 夢中 初夢 夢中 初夢 夢中 初夢 夢中 初夢 夢中 初夢 夢中 初夢 夢中 初夢	断水 断る 断水 断る 断水 断る 断水 断る 断水 断る 断水 断る 断水 断る 断水 断る 断水 断る 断水 断る

Good!
一文字目は大きく書き、音読みと訓読みを書き、熟語を練習する。「漢字・読み・熟語」の3点セットがしっかり守られています。こうした学習の"型"を身につけることも、学力向上の秘訣です。

Hint!
漢字練習のような「書く」作業が中心の学習でも、ぶつぶつと声に出しながら書くと脳が刺激され、より効果的に覚えられるようです。

高学年 自主学習ノート紹介

算数　計算ドリル

「位置を揃えて書く」「筆算では余白を大きくとる」「自分で丸つけをする」など、計算練習のルールをしっかり守った、美しいノートに仕上がっています。

Good!

行揃え、筆算の余白、丸つけなどルールを守った計算練習のお手本ノート

10:58～11:56

アイテム 16ページ

練習しよう

① 20×1.3＝26　② 50×3.4＝170
③ 50×0.4＝270（※画像に基づく）

たしかなものにしよう

① 30×0.4＝12.0
② 60×4.6＝276.0
③ 27×2.8＝75.6 ✓
④ 184×0.5＝92.0
⑤ 246×3.8＝934.8
⑥ 930×8.7＝8091.0

計算ドリル

① 4×4.8＝19.2
② 8×6.5＝52
③ 30×1.5＝45
④ 80×5.7＝456
⑤ 18×2.1＝37.8
⑥ 38×4.3＝163.4
⑦ 45×3.9＝175.5
⑧ 74×6.1＝241.8
⑨ 286×9.4＝2688.4
⑩ 365×6.4＝2336

Hint! 自主学習として市販の計算ドリルなどに取り組む場合は、この例のように「式と答えをノートに書く」ほかに、「答えだけをノートに書く」「やったドリルをそのまま（またはコピーをとって）貼る」「『ドリルの○ページから○ページまでをやった』と書く」などのやり方があります。

バッチリメニュー

社会　くらしや自然

第3章　自主学習　おすすめメニュー紹介

社会ふく習　　No.39

㋕ あたたかい土地に住む人々は、くらしにどのようなくふうしているのでしょうか？

くらしや自然を守る。

沖縄県は、1年を通じてあたたかい地いきです。一方で台風が多く来る地いきでもあります。

○ 台風の強い風は、建物やじゅ木をたおしてしまい、くらしに大きなえいきょうがある。

○ 沖縄県は台風が通る回数が多いため台風のひ害をへらす工夫があると思う。

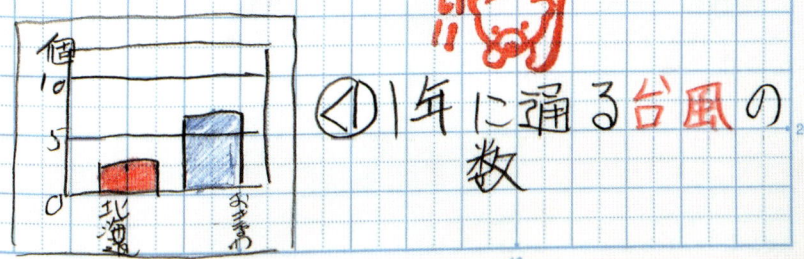

① 1年に通る台風の数

Check!
社会科の復習のページです。今日、習ったことを簡潔にノートにまとめ直すことは、知識を整理し、定着させる上でとても有効な学習です。

今日習ったことをノートにまとめて知識をしっかり定着！

社会科の学習では、グラフなどの読み取りも大事な力です。ここでは、グラフから読みとった自分の考えが、しっかりまとめられています。

Good!

高学年 自主学習ノート紹介

国語

漢字の予習

Hint!
自主学習は、予習にも適しています。写真は夏休みの漢字予習プリントですが、夏休みに2学期以降の漢字を予習しておくと、夏休み明けからの学習がとても楽になります。

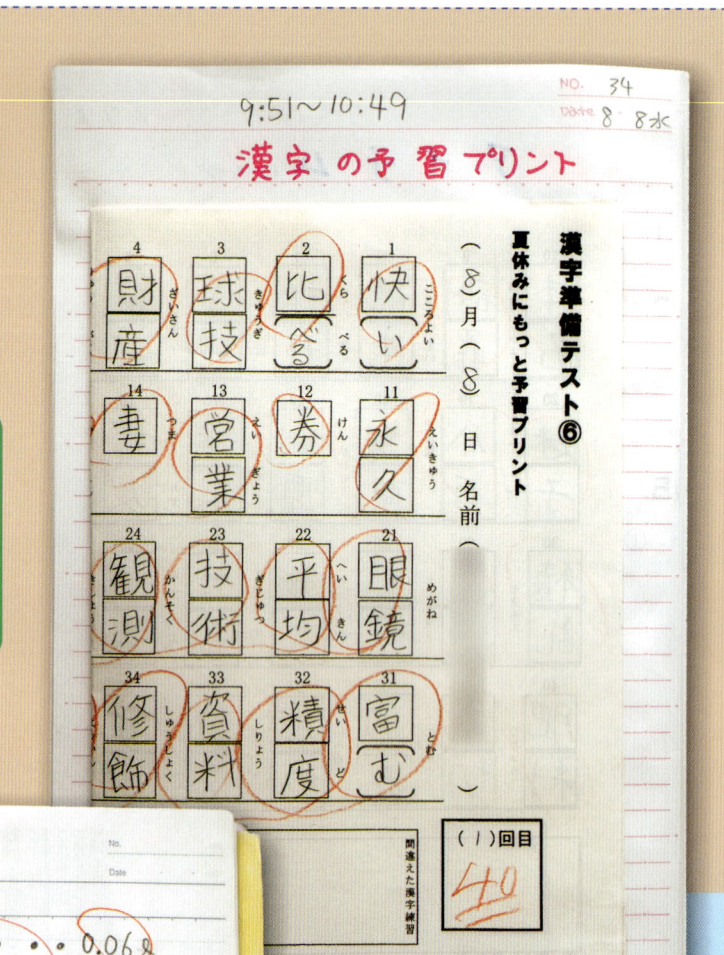

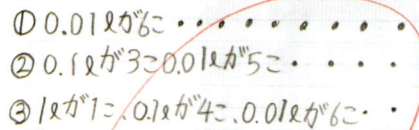

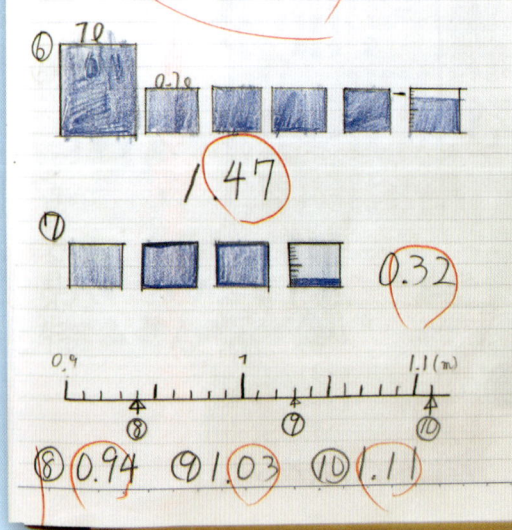

算数

小数のしくみ

Good!
4年生で習う、0.1より小さい小数の学習です。小数点以下の位が増えるほどにその大きさが頭でイメージしにくくなりますが、このノートのように水のかさや目盛りで表すことで概念がつかみやすくなります。

バッチリメニュー

第3章 自主学習 おすすめメニュー紹介

理科　水の循環

Good!
海水が蒸発して雲になり、雨や雪が降り、湖や川、地下を経てまた海に戻るという水の循環を、一枚の絵に表しました。色もていねいに塗られた力作です。

国語　竹取物語

Check!
高学年では国語で古典作品にも触れます。言葉づかいやかなづかいが現代のものとは違うので、このようにノートに書き写して読んでみるというのは、とてもよい学習法です。

83

高学年 自主学習ノート紹介

調べ学習　小田原攻め

歴史上の事実を調べ、見開き2ページの史料としてまとめた力作

Check!

1590年の豊臣秀吉による小田原征伐についてまとめたノートです。教科書で習う範囲は超えていますが、興味のあることをどんどん調べられるのが、自主学習の醍醐味です。

Good!

戦の勝ち負けや開戦のきっかけ、攻め方の説明、そして合戦図と、さまざまな要素を見開き2ページにうまくまとめています。こうしたノートの構成力も、自主学習を続けることによって身についていきます。

84

ワクワクメニュー

Good! 何と言ってもすばらしいのがこの合戦図です。調べる力、理解する力、書く(描く)力がしっかり身についているからこそまとめられたノートです。

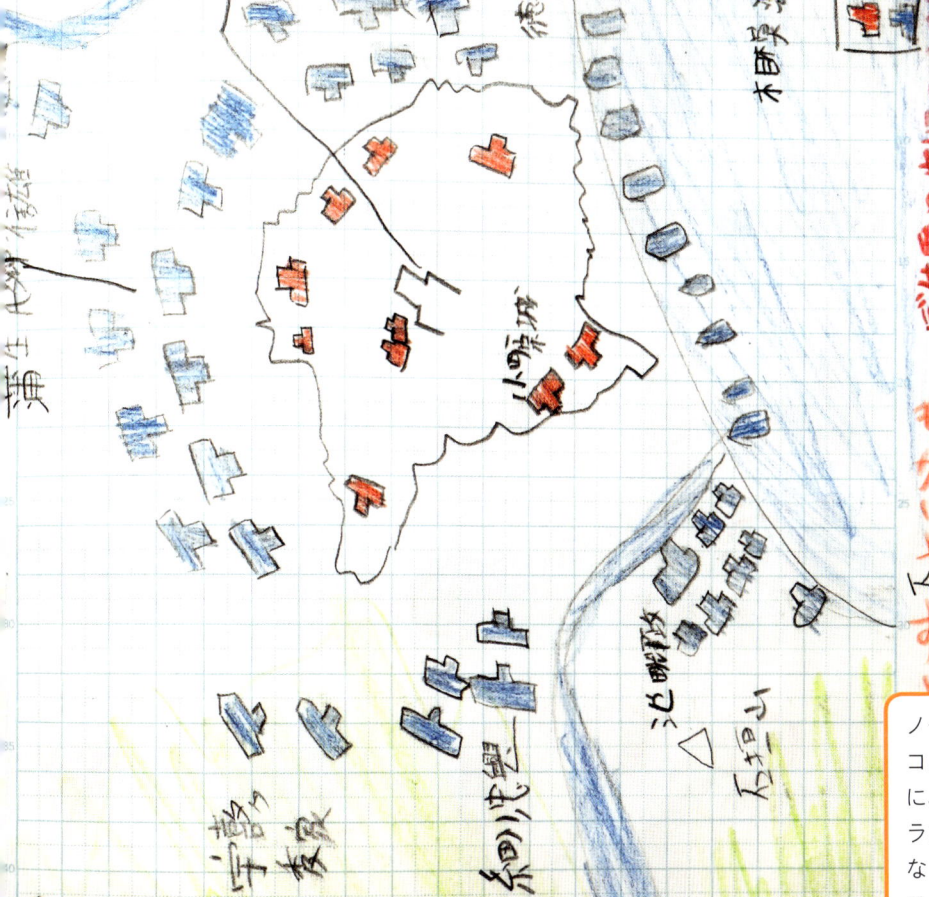

Check! ノートに書かれた友だちのコメントからもわかるように、このようなノートはクラスの仲間にもいい刺激になります。友だちに見せることで、自分だけの学習ではなくなるのです。

第3章 自主学習 おすすめメニュー紹介

85

高学年 自主学習ノート紹介

お楽しみ 自主学習の説明書

毎日の取り組みをふりかえり、自分なりの「自主学習の説明書」を作成！

Check!
取り組みのスタートから約半年後くらいにまとめた「自主学習の説明書」です。これまでのふりかえりをもとにやり方や注意点をまとめることで、これからの課題も見えてきます。

Good!
学習メニューの紹介やその説明、ノートのまとめ方などが詳しく解説されています。やるべきことがここまで理解できていれば、自主学習はしっかり定着していると言えます。

11/13

自主学習の説明書
毎日やる事
1、漢字練習
2、四字じゅく語
3、算数問題
4、県調べ
5、国調べ
6、ふり返り
7、おまけの英語短語コーナーなど
くわしく説明！

〈漢字練習〉
・ていねいに漢字を見ないで、書いてみよう！

〈四字じゅく語〉
・カラフルになるようにカラーペン、色えんぴつなどで書こう！
・イラストなどを書くと見やすくなるよ♪

〈算数問題〉
・教科書、ドリルなどの問題をふく習、予習するコーナー！
・丸つけちゃやろう！

ボクが説明するヨ．

〈県調べ〉
・1日1つの県について調べるコーナー！
・色とりどりの方が、見やすくなるよ。
〈国調べ〉
・1日1つの国について調べるコーナー！
〈ふり返り〉
・昨日の自主学習をふり返って、
 かいぜん点、良い所をTチャートで書こう。
〈おまけ〉※できたら
・あいたスペースなどに、イラスト、
 英語短語を書いたり、四字じゅく語クイズにしてもおもしろいね！
自主学習（図）※毎日見ひらき1ページと半分

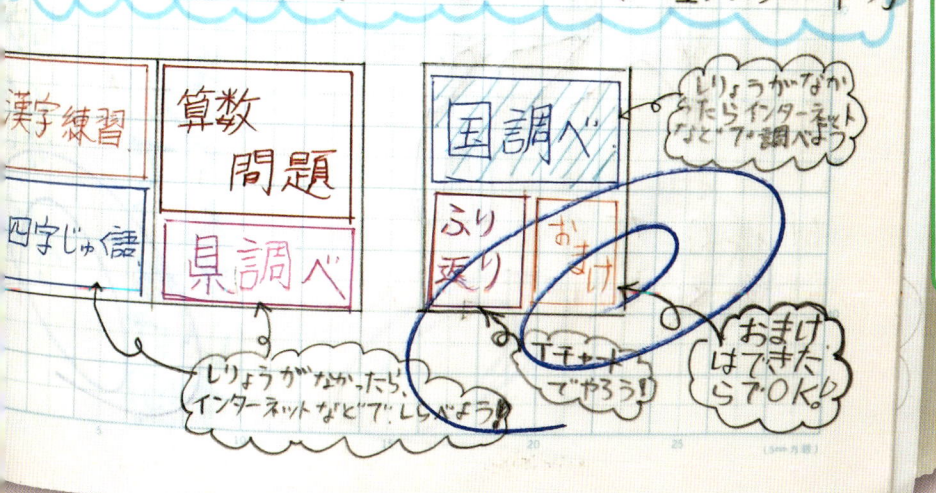

漢字練習	算数問題		国調べ
四字じゅく語	県調べ		ふり返り / おまけ

しりょうがなかったらインターネットなどで調べよう
Tチャートでやろう！
おまけはできたらでOK！

> **Good!**
> 単なるやり方、手順だけでなく、ノートの構成の仕方や資料の調べ方まで解説しているのがすばらしいところです。

> **Hint!**
> クラスのみんなでこうした「自主学習の説明書」づくりに取り組むと、なかなか継続できない子へのヒントとして、また次年度以降に取り組む子どもたちへの説明として活用することができます。

第3章 自主学習 おすすめメニュー紹介

ワクワクメニュー

高学年 自主学習ノート紹介

調べ学習　オーロラとは？

> **Good!**
> オーロラという自然現象について調べたノートです。「電子」「陽子」「分子」「太陽風」などの難しい言葉も出てきますが、絵も使ってその仕組みをわかりやすく説明できています。

不思議な自然現象を文と絵でわかりやすく説明したノート

自由

オーロラとは？

オーロラは太陽からのメッセージです。太陽は太陽風と呼ばれるガスを放出しています。このガスはプラズマと呼ばれ電子や陽子などの荷電粒子からなる。この太陽風が地球に到達した際、地球のじばに影響をうけ極地に運ばれます。

オーロラはまちのネオサイン、家庭のけいこうとうと同じほうでんげんしょうであり、原子、分子自体が光を発しているのです。

（図：太陽風が地球へ向かう様子。「太陽風」「電子、陽子などの荷電粒子を含む」「大気中の原子にしょうとつ→発光」「地球」）

オーロラの名前の由来

オーロラとは、ローマ神話にでてくる暁の女神アウロラから名付けられた。名付け親はかの有名なガリレオ・ガリレオと言われています。北米では極北で見ることができることからいっぱん的にノーザンライツと呼ばれています。

はじめて知ったすごう

> **Hint!**
> オーロラの現象そのものだけでなく、名前の由来まで調べているのにも注目。こうして一つの題材から別の題材へと興味を広げていくと、次回の調べ学習のテーマも見つけやすくなります。

料理 ヘルシースイーツ

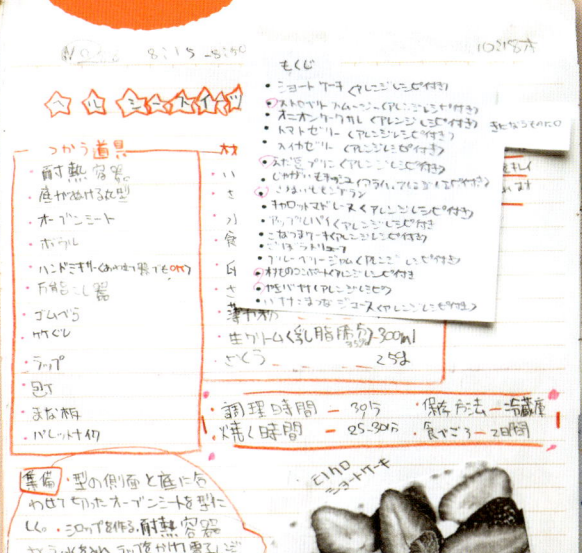

ワクワクメニュー

第3章 自主学習 おすすめメニュー紹介

Good!
ショートケーキの作り方を、文字と写真でカラフルにまとめました（写真は全4回分のうちの2回分）。「イチゴは肌をきれいにしてくれる」などヘルシーさにこだわっているのも高学年ならではの視点です。

大好きなスイーツを作って、食べて、ノートにまとめる！

Hint!
一日の学習でまとめるには時間がかかりすぎたりページが多くなりすぎてしまうときは、2回、3回と分けてじっくり取り組むのも手です。

89

高学年 自主学習ノート紹介

お楽しみ　レクリエーション

Good!

クラスのみんなで取り組めるレクリエーションを考え、そのルールをまとめました。レクリエーションのネーミングも含め、アイデアと工夫が詰まったページになっています。

みんなで楽しめるレクリエーションのルールを考えてみた！

Check!

「かくれる時間」「かくれる（場所の）範囲」「ろうやの場所」などは空欄にしてあり、友だちからの意見を求める形になっています。こうしたノートは、クラスの話し合い活動のいい題材になります。

調べ学習　ゴッホの生涯

> **Hint!** 歴史上の偉人や芸術家について調べてみるのも、おすすめの学習メニューです。その場合、一つの資料だけでなく、いくつかの資料から知識を集めると、深みのある調べ学習になります。

歴史上の偉人や芸術家についてどんどん調べて、まとめてみよう！

（ノート書き起こし）

自由

ゴッホって誰？
フィンセント・ファン・ゴッホ
生涯

　フィンセント ファン ゴッホが画家になろうと決意した時かれに、たぐいまれな才能があろうとは誰にも想像し得ませんでした。彼自信ですらそのようなことは思うにも及びませんでした。

　不器用で未熟ながら必死に絵に取り組んだかけ出しの頃からまさに芸術家のいきに達するまでのゴッホの成長ぶりは目を見張るほどのはやさでした。

　ゴッホ美術館でごらんいただける作品のすべてが、わずか10年の間に描かれています。
　この短い期間にゴッホが制作した作品総数は、およそ、油彩800点、水彩、素描、スケッチ等1000点にも上ります。

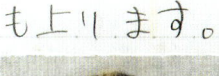

← フィンセント ファン ゴッホ

↑ ゴッホの描いた絵

> **Check!** 調べ学習をノートにまとめるときは、できるだけ写真やイラスト、グラフなどの資料を盛り込むと、わかりやすいノートになります。こうしたまとめ方も、高学年の自主学習では意識していきたいところです。

高学年 自主学習ノート紹介

調べ学習　言葉の意味調べ

知らない言葉や気になった言葉の意味を調べ、それを文字とイラストで説明したノートです。ユーモラスなイラストが、とてもいいアクセントになっています。

調べた言葉の意味を、イラストで楽しく表現！

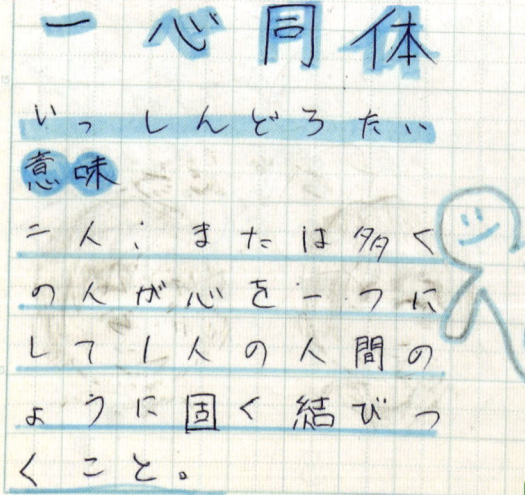

Hint! 言葉の意味を絵で的確に表す作業というのは、意外と頭を使うものです。このノートは、楽しいだけでなく、思考力や創造力もつく学習のお手本です。

お楽しみ ペット紹介
わが家の自慢のペットをみんなに見てもらおう！

ワクワクメニュー

第3章 自主学習 おすすめメニュー紹介

4.27 No.31

写真で紹介

エッサエッサ
赤ちゃんのころ！
ふとんのぼり！
男だぜ！
シュシュをつけてオシャレしたよ！

- この上の写真は、私の家で飼っているとのです。この写真はとのが1さいごろのときのものです。とのの特長は、鼻が白い所です。とのは、ミニうさぎという種類。

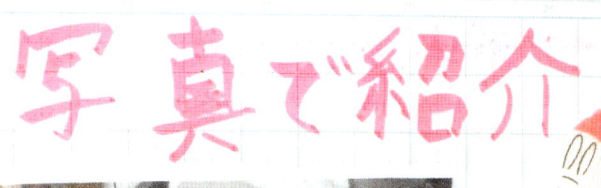

Good!
家で飼っているペットのミニうさぎを紹介した自主学習です。ただ写真を貼るだけでなく、セリフの吹き出しなどを書き込むことで、よりかわいらしさが伝わるページになりました。

Hint!
一見、お楽しみ重視のノートにも見えますが、ペットの種類や年齢、外見上の特徴などを人に伝わるようにまとめることは、プレゼンテーションの力をつける、とてもいい練習にもなります。

高学年　自主学習ノート紹介

図工　動物の絵

興味のある動物について図鑑で調べ、絵で説明しているノートです。色ぬりも含めて、細部までていねいに描かれた、完成度の高いページになっています。

Good!

調べ学習　ファッション用語

Good!

ファッションへの興味から、スカートの長さや色の特徴、色による見え方（印象）の違いなどをまとめました。しっかり学習的な内容になっているのがすばらしいですね。

ワクワクメニュー

第3章 自主学習 おすすめメニュー紹介

お楽しみ

電車紹介

Check!
好きな電車の車輌を紹介する一連のシリーズ学習のうちの1ページです。何か一つでも好きなことや興味のあるテーマを見つけることは、自主学習を楽しく続けていくための大きな原動力となります。

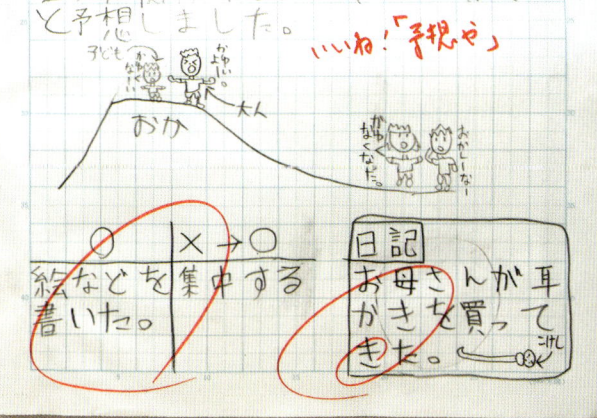

国語

読書感想

Hint!
読書も立派な自主学習です。書名や作者名、読んだページ数などだけをノートに書き込むのもいいですが、このノートのように読んだ感想や次の展開の予想などを書くようにすると、読書の楽しみがさらに広がります。

高学年　自主学習ノート紹介

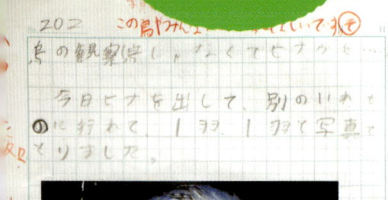

理科　鳥の観察

Check!

生まれたばかりの鳥のヒナを観察し、写真とともに紹介しています。自分で調べてみてわかったことをなどを書くと、もっといい自主学習になりますね。

社会　フィリピンのお金

Good!

フィリピンの通貨について調べた学習です。実物を貼るというアイデアもすばらしいですが、「50ペソで映画が見られる」などの説明をつけることで、物価の違いなどがわかる、ためになるノートになっています。

ワクワクメニュー

調べ学習
ものの始まり

Good!

身近にあるありふれたものでも、その起源を調べてみると意外なおもしろさがあるものです。この例では、ガラスの始まりについて、ユニークなイラストとともに上手にまとめています。

お楽しみ
サイン作り

Hint!

ローマ字や英語の表記を習ったとき、自分なりに工夫してサインを作ってみた経験は多くの人にあることでしょう。こうしたサインをノートに書き入れることも、学習を楽しくするアイデアの一つです。

第3章 自主学習 おすすめメニュー紹介

高学年 自主学習ノート紹介

国語　言葉の意味調べ

Check!
「学校に関する言葉の意味」「家族に関する言葉の意味」など、毎回テーマを決めて意味調べに取り組んだ例です。知識を系統立てて覚えるという意味で、とてもよい学習法です。

図工　絵の描き方

Hint!
顔の描き方を図解で示した自主学習です。自分が得意なこと、当たり前にできることを、ほかの人にもわかるように伝えることは意外と難しく、表現することのいい練習になります。

ワクワクメニュー

音楽

音符のしくみ

Good!

音符の説明は音楽の自主学習としては定番の内容ですが、音符の意味を数式で表しているのが高学年らしいアイデアです。こういう説明の仕方ができるのは、勉強の力がしっかりついてきている証です。

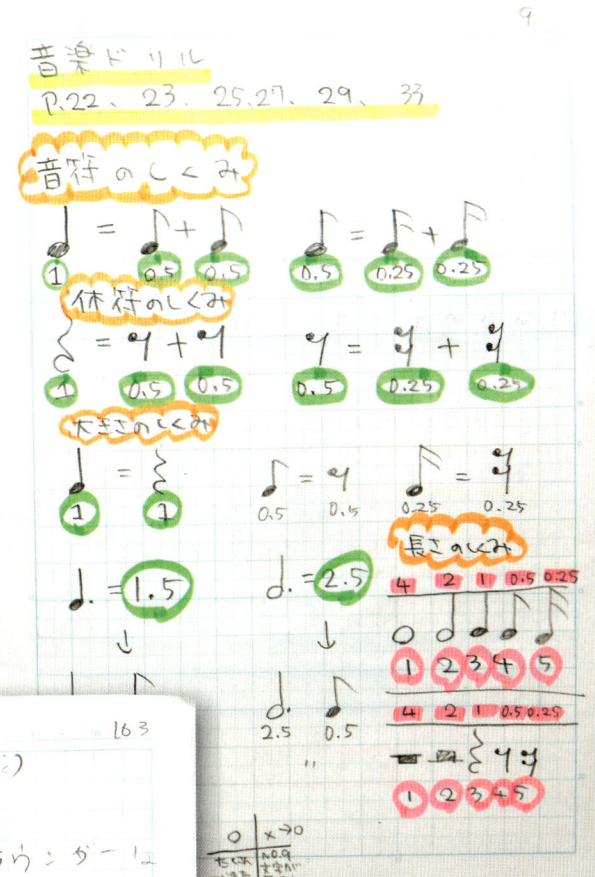

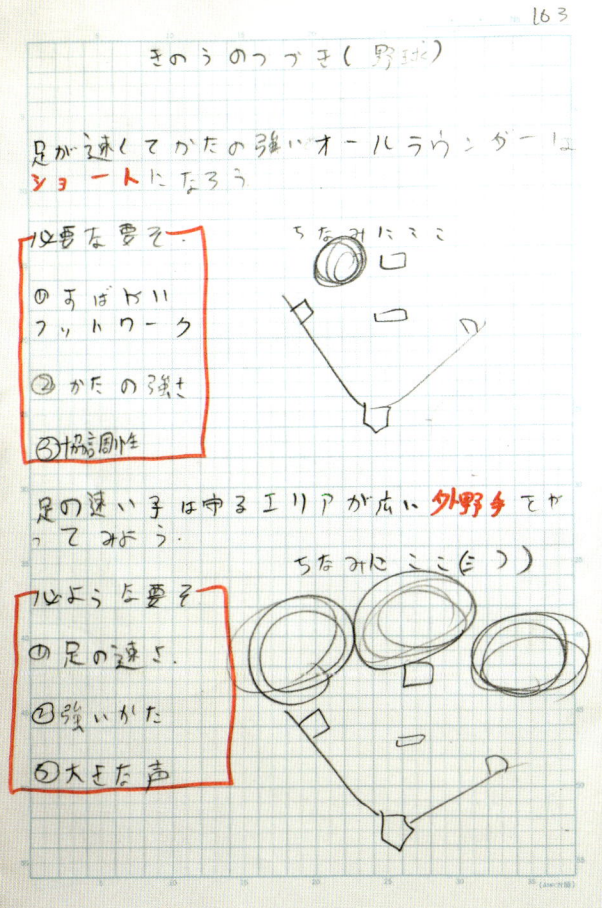

体育

野球

Good!

野球も外でやるだけのものとは限りません。このノートでは、野球のポジションの特徴や、必要な要素について、野球を知らない子にもわかるように説明しています。

第3章 自主学習 おすすめメニュー紹介

COLUMN

質の高いノートよりも
ストーリーこそ

★ 一人ひとりのチャレンジのプロセスに目を向ける ★

　私は普段、学習者のもっているストーリーを大切にしています。以前はいわゆる"質の高い"ノートへついつい目がいってしまいがちでした。ですが、それでは自主的に学ぼうとする子どもの姿を見落とすことになってしまうのです。

　たとえば、なかなか自主学習が定着しなかった子が、自らの意思で自主学習を始めるようになるという"ストーリー"がありました。何度、声をかけてもなかなか自主学習が続けられなかった子で、私も「そのうち自分でやり始めるときがくるはず。口うるさく言わないようにしよう」と待つことを決心していました。そして取り組みから半年が経った頃、その子は少しずつ家庭での自主学習をしてくるようになりました。「どうして始めるようになったの？」と尋ねてみると、「自分でもよくわからないんだよね。でも、なんだか楽しい」とのこと。家庭環境などいろいろな要素があったかと思いますが、子どもの学びのスイッチが入るのには時間がかかることもあるのだと改めて思い知らされました。

　クラスの中で質の高いノートばかりが賞賛されるムードになるとちょっと息苦しくなってしまいます。苦手な子が自分からチャレンジするそのプロセスにこそ価値があります。そしてその努力のプロセスは、教師にしかなかなか見えないものです。子どもたち一人ひとりのストーリーに目を向け、チャレンジするプロセスを賞賛していくこと、そしてがんばることに価値があるのだという文化を、クラスの中に育てていくことを大切にしています。

第4章 自主学習を続けるために

自主学習は、続けてこそ価値のある取り組みです。その後の人生においても自立して学び続ける力をつけるための、教師のかかわり、子ども同士のかかわり、保護者のかかわりについて解説します。

> 1年間の取り組みの見通しをもつ

必ず訪れる停滞期は"3つのかかわり"で乗り越える

● 続けてこそ価値がある自主学習の取り組み

　自主学習に取り組み始めて2週間もすると、少しずつ子どもたちのノートが充実してくるかと思います。ですが、大事なのはここからです。継続した取り組みへと高めていくために、**年間を見通してどのようなステップで取り組んでいくのか、教師が見通しをもっておくことが必要です**。

　自主学習ノートの取り組みでは、いきなり子どもにすべてを任せることはしません。1年間を通して、教師からのかかわりと子ども同士のかかわりを織り交ぜながら、徐々に子どもに任せていくようにします。

POINT!
ここでは1年間を通じての見通しを紹介していますが、クラスの実態に応じて年度の途中から始めても、もちろんかまいません。

● 1年間を見通して、徐々に子どもに任せていく

　1学期は特に、「教師からのかかわり」をしっかり行います。具体的には、スタート時の8つのミニレッスン（第2章参照）をていねいに行い、ノートを見届けます。自主学習の6つのルールや、学習メニューのバランス、カレンダーの使い方などをしっかりと定着させながら、自主学習の習慣を身につけていきます。もちろん一度やったミニレッスンでも、くり返し練習するとさらに高まります。

　そして、ギャラリーウォークなどの「子ども同士のかかわり」を通じて、たくさんのノートに触れていきます。1学期の終わりには40日間ほどの長い夏休みが控えています。1学期のうちに自主学習の力をしっかりと身につけて、夏休みの大きなチャレンジにできるよう、準備していきましょう。

　2学期以降は少しずつ教師からのかかわりを減らし始め、

POINT!
取り組みの当初は教師からほめられたり、励まされたりすることが学習への意欲につながりますが、徐々に教師はかかわりを弱め、"自立した学び手"への成長を促すことが大切です。

子ども同士のかかわり （クラスの取り組み）		子どもに任せる	
教師からのかかわり （指導・助言など）			
1学期	2学期	3学期	

子ども同士のかかわりに任せていきます。お隣さん同士でのペアチェックや、ギャラリーウォークでノートを見せ合いながら、継続への動機づけを図っていきます。

そして3学期は、子どもたち自身に任せる時期です。この時期には教師が毎日ノートをチェックする必要はなく、定期的に子どものノートを見る程度にします。もちろんここで失敗することもありますが、「どんなときに続けられなくなるのか？」とふりかえりを続けながら取り組むと効果的です。

● 停滞期を乗り越えるのに必要な3つのかかわり

　自主学習の取り組みを1年間のスパンで捉えると、必ず学期ごとに大きな停滞が起こります。私の経験上、**6月と10～11月、そして2月頃に大きな停滞期が訪れやすい**ようです。学校行事などの関係で、落ち着いて子どものノートを見届けたり、話をしたりする時間をとれないためかもしれません。

　この停滞期を乗り越えていくのに必要なのは、次の3つのかかわりです。

①教師からのかかわり
②子ども同士のかかわり
③保護者へのかかわり

　いずれも「人とのかかわり」を基調にしたアプローチをとっています。「愛情の反対は無関心」というマザーテレサの言葉があるように、人はかかわりによって愛情を感じ、安心感を得て、やる気を高めていきます。温かいかかわりの中でこそやる気になり、一歩先へ成長することができるのです。

　教師ひとりですべての子どもにこまめにかかわるのはちょっと無理がありますので、できるだけ子どもたち、そして保護者の力を借りていくことが重要です。

> **POINT!**
> 3つのかかわりのうち、教師のかかわりにはコメントやはんこでの見届け、子ども同士のかかわりにはギャラリーウォークやお師匠さん制度、保護者とのかかわりには見届けサインやコメントといった活動があります。次ページ以降で詳しく紹介していきます。

第4章　自主学習を続けるために

103

継続のための教師のかかわり①
コメントやはんこで励ましながら、見届ける

● 教師も無理なく継続できる見届け方を

　自主学習の習慣を定着させる教師のかかわりとしては、コメントやはんこといった見届けが効果的です。こういった見届けのしかたにも段階があります。

ステップ①
スタートの2週間は毎日ノートチェック

　自主学習の取り組み始めの2週間。この時期は特に、毎日見届けることが重要です。自分から学ぶことに慣れていない子たちにとっては、最初の動機づけが大事です。毎日ノートをチェックし、励ましのコメントを入れながら応援していきます。

　授業の間の休み時間は、次の授業の準備などでなかなか時間がとれませんから、あらかじめ「昼休みに見る」などと決めておくと、負担感も減り継続できます。

　また、コメントを書きすぎないことにも注意が必要です。すばらしいノートを見るとついついコメントを書きすぎてしまいがちです。時間があるときはいいのですが、長い目で見ると、コメントは短く、一言ですませるほうがベターです。「予習でモヤモヤを見つけてすごい！」のように、「具体例＋ほめ言葉」程度に控えておきましょう。

　コメントが励みになることは事実ですが、子どもがコメントほし

> **POINT！**
> コメントやはんこも、「やらなければ」というノルマになってしまうと、つらく感じるようになります。自主学習は楽しく学ぶための取り組みですから、教師も無理せず続けられるよう工夫することが大切です。

さに学び続けるというのもちょっと残念です。子どもも教師も、お互いに長く続けられる工夫をしましょう。

ステップ②
週に2～3回のノートチェック、返しながら一言

　スタートから2週間が過ぎた頃からは、たとえば火曜日と木曜日など、ノートチェックの回数を2～3回に減らします。私は授業に空き時間のある日にチェックするようにしていますが、この時期になると、コメントを書かなくても「すごいね！」「みました」といったハンコでもかまいません。そのかわりに、ノートを返却するときに、「ワクワクメニュー、楽しんでやってるのが伝わるね！」「レベルアップしてるよ！」と一人ひとりに声をかけていきます。

ステップ③
お師匠さんがはんこ

　夏休み以降は、クラスの中にお師匠さん制度（110ページ参照）を導入し、毎朝、ペアを組んでいるお師匠さんにノートチェックをしてもらいます。お師匠さんから「付箋コメント」でいいところを見てもらったり、A～Cの評価のはんこを押してもらったりします。基準は事前に確認をしておきます。慣れてくれば、自分で自分のノートを自己評価できるようにもなってきます。

　ただし、あまりに子どもに任せすぎて、教師がまったくノートを見ないというのも問題です。週に1回ほどは何らかの形でノートを見る機会を設け、気づいたことを適宜アドバイスしていきましょう。

> **POINT!**
> ノートのABC評価基準は、「A…昨日よりもすごい。努力や工夫しているね！」「B…しっかりとノートの約束を守って続けているね！」「C…つらいときだってあるよね！これからもがんばろう！」などとあらかじめ決めておき、子どもたちと共有しておきます。

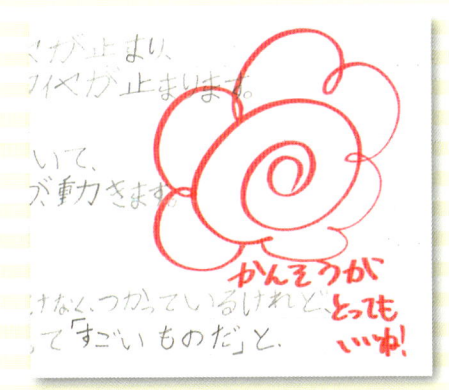

教師からのコメントは、「短く、シンプルに」が、長く続ける秘訣です。

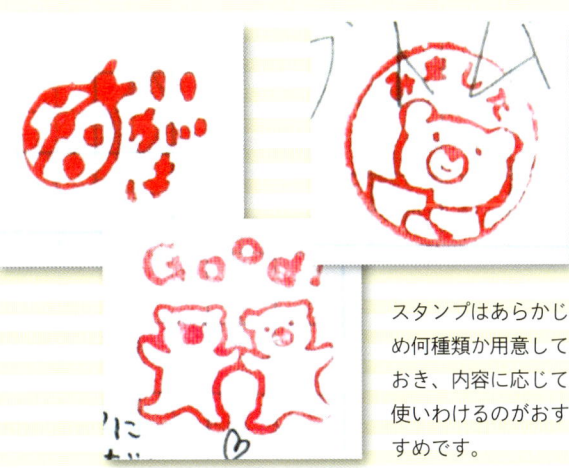

スタンプはあらかじめ何種類か用意しておき、内容に応じて使いわけるのがおすすめです。

第4章　自主学習を続けるために

継続のための教師のかかわり②

自主学習と授業をつなげて
マンネリ化を解消

● 調べ学習の種を、授業の中で見つけられる工夫を

　自主学習ノートの内容がマンネリ化して停滞気味だなと感じたときは、自主学習と授業をつなぐことを意識してみましょう。つまり、**授業の中で、調べてみるとおもしろいワクワクメニューを紹介したり、おすすめのバッチリメニューを提案したりする**のです。

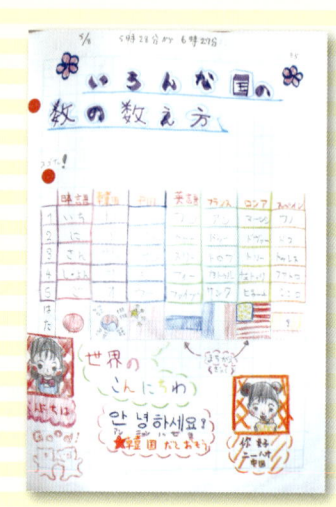

　ワクワクメニューは子どもたちも楽しんで取り組みますが、その反面、何を調べればいいか悩むことも多いようです。そんな子のために、調べる種を学校で見つけられるように工夫していきます。

　私の場合は、朝の会をよく使います。あるとき、国立極地研究所から南極の氷をいただく機会がありました。さっそく朝の会で、実際にさわってみたり、においを嗅いでみたりして、氷の様子についていろいろおしゃべりをしました。そして「不思議を10個見つけよう！」と子どもたちに投げかけます。出てくるアイデアを「うんうん、いいねいいね」と賞賛しながら進めていくと、氷のことから南極、北極のことまで、10個はすぐに出てきます。

数あるワクワクメニューの中でも、調べ学習はもっともポピュラーかつ人気の高い学習メニューです。

- どうして氷に空気がはいっているの？
- とけた氷がぬるぬるするのはなぜ？
- ほかの氷とはどこがちがうの？
- ふつうの氷と南極の氷どっちが冷たい？
- 南極のペンギンは何匹くらいいるの？
- なんで南極は昼と夜が続く日があるの？
- オーロラって何でてきているの？

このように不思議を10個書き出していくと、それがそのままワクワクメニューの題材になります。

- どうして氷の上に乗れるの？
- 南極ペンギンはどうやって生活するの？
- ホワイトアウトって何？

　そして、ひたすらホワイトボード（後ろの黒板でも可）に書き写しておいて、「今日の自主学習で調べてくるといいよね！」と伝えて終わりにします。念のため、帰りの会でも声をかけると、連絡帳や手にメモして帰る子が続出します。

　そして、次の日その子たちのノートを見てみると、しっかりこれらの不思議について調べてきた子がいました。さっそく学級通信にのせて読み聞かせました。学級通信で紹介すればさらに励みになります。不思議を見つけて、自分から調べようとすることの価値を伝えると、どんどんその輪が広がっていき、学校で見つけた探究の種を持ち帰ることが、子どもたちの中で自然と習慣化していきます。

すばらしい自主学習ノートがあると、学級通信で紹介するようにしています。本人の励みになるだけでなく、ほかの子の学習のヒントにもなります。

● ホワイトボードや黒板に学習メニューを書きためる

　本物に触れるとき、人はたくさん不思議を見つけられます。できるだけ、本物の体験やものを授業に持ち込んで、「調べてみたい！」「不思議だな！」という気持ちを引き出していきましょう。最初は、授業と関係のないことからでも大丈夫です。探究の種を学校の中で見つけて持って帰る練習をし、慣れてくれば、これを授業の中で見つけられるようにしていきます。

　また、授業中、「ここは復習しておいてほしいな」とか「素数ってなんだっけ？」「分数の通分には最小公倍数を使うけど覚えてる？　復習しておくといいよね」と投げかけて、これもおすすめバッチリメニューとしてホワイトボードや後ろの黒板に書きためていきます。これを見れば、どんな学習をやってくればいいのか、一目瞭然です。

　さらに、理科や社会などの単元の最後ではいろんな実験や体験を行うので、これも自主学習のメニューを増やすチャンスです。学校の決められた授業時間数だけでは収まらない学びを、自主学習でカバーすることができます。

　日常の授業の中に、自主学習の種はたくさんあります。それをホワイトボードや黒板に書きためていきましょう。それだけで、ノートの質もぐっとよくなってくるはずです。

POINT!

このような探究学習を、私はオランダのイエナプラン教育のワークショップで学んできました。イエナプランはオランダで盛んな教育実践で、異年齢児による学級編制や、輪になっての対話などの特徴があります。

探究学習のサイクル

授業で「？」を見つける → 自主学習で調べる →（繰り返し）

第4章　自主学習を続けるために

107

継続のための教師のかかわり③
子どもと相談しながら自主学習カレンダーを作る

● 子どものつまずきに応じて学習の見通しを立てる

　どんなクラスにも、なかなか自主学習の習慣が定着しない子はいるものです。そういう子は、これまでの宿題も、やってくることが難しかったのではないでしょうか。
　ですが、**自主学習は宿題と違い、一人ひとりのつまずきに応じた課題に取り組むことが可能**です。特に学習の苦手な子は、自分が何につまずいているのかがよくわかっていないことが多くあります。子どものつまずきに応じて教師が子どもと一緒に学習の見通しを立てていくことが必要です。

> **POINT!**
> 自主学習のつまずきにも、「何をやっていいのかがわからない」「ノートの書き方がわからない」「学習の内容がわからない」など、いろいろな段階があります。まずはその子がどこでつまずいているのかを見きわめることが重要です。

● 子どもと一緒に自主学習カレンダーを作る

　こうした子どもには、自主学習カレンダーを使った取り組みが有効です。**カレンダーに書き込む学習メニューを、子どもと教師が相談しながら、一緒に作り上げていきます。**
　なかなか自主学習が定着しない子と、休み時間や放課後におしゃべりをしながら「自主学習で困っていることはない？　そうだよね、何をやればいいのかわからないと、なかなか続かないよね。じゃあ、一緒にカレンダーを作ってみようよ」というように誘ってみます。そして、その子に合った学習メニューを一緒に考えていきます。ここでは、子どもにインタビューするつもりで質問をしていきます。

「バッチリメニューの国語ではどんなことをやるといいと思う？」
「漢字だったら具体的にどんな練習をしようか？」
「ワクワクメニューでは、どんなことやるとわくわくするかなぁ？」
「調べる資料ある？　学級文庫から持って帰る？　図書館で一緒に探してみようか」
「無理しなくていいからね。まずは今日、帰ってできそうなことからにしよう」

　苦手な子が「これだったらできそう」と思える"予感"を大切にして、学習メニューを個別に組んでいきます。学習メニューの数もいきなり10個は多いので、6個ぐらいから始めます。具体的には、次の6つです。

① 「自主的」
② 「ナンバー、日付、時間」
③ 「国語（または算数）プリント」
④ 「ワクワクメニュー」
⑤ 「ふりかえり」
⑥ 「サイン」

POINT!
「自主的」「ナンバー、日付、時間」「ふりかえり」「サイン」などは、学習の苦手な子でもこなせるメニューです。メニューをこなすごとにカレンダーに○がつくので、○の数がたまればたまるほど、その子の自信も高まっていきます。

● 家庭での励ましの不足を学校で補完する

　そして、最も大事なことは、どんなに忙しくても、**教師が次の日にちゃんと見届けをすること**です。学習が継続しない子は家で見届けてもらえないことが多く、「がんばったね！」と声をかけてもらう経験が不足しています。ここを学校でていねいに補っていきます。

　2～3日続けられたらと思ったらちょっと失敗して、また1日目から始めて、気がついたら5日間続けられるようになってきた……。そんな成長に触れることができるはずです。このようなかかわりを、何よりも大切にしたいものです。

第4章　自主学習を続けるために

継続のための子ども同士のかかわり①

温かいかかわりで励まし合う「お師匠さん制度」

● 子ども同士が"師匠と弟子"になって学び合う

「お師匠さん制度」とは、自主学習ノートを上手に作れる子に協力してもらい、子ども同士で学び合えるように**"師匠と弟子"のグループを作り、学び合う仕組み**です。教える子にとってはノート作りの自信がさらに増し、自己肯定感も高まります。教わる子にとっても、教師に言われるよりも友だちにすすめられたほうがやる気が出ます。友だちとかかわることは子どもをやる気にし、安心感の土台となります。また、子ども同士の学び合いを生かすことで、クラスメイト同士の関係性も深まり、男女の仲も自然とよくなっていきます。

また、この「お師匠さん制度」には、やり方がわからないことや、やってもなかなか認めてもらえないことで意欲を失ってしまうことを防ぎ、クラス全体を高める効果もあります。

POINT!
この「お師匠さん制度」に取り組むタイミングとしては、取り組みが停滞してきたなと感じた頃や、個人差が開いてきたとき、またクラスのかかわりを増やしたいときなどが適しています。

お師匠さん制度は次の手順で進めていきます。

1. お師匠さんを決める
2. お師匠さんとお弟子さんのグループ（ペア）を決める
3. 一緒に練習をする
4. アドバイスや温かいコメントをする
5. お師匠さんを増やす

次ページから、「お師匠さん制度」導入の具体的なやり方を、ミニレッスンの形式で紹介します。自主学習の取り組みに停滞やマンネリ化を感じたときなどに、ぜひ取り入れてみてください。

POINT!
自主学習は、ただそのやり方を聞いただけでは、なかなか自分のものにはできません。実際にお師匠さんのやり方を見て、一緒に取り組むことで自分の力になっていきます。

> ミニレッスン
> ● お師匠さん制度で自主学習ノートの内容を充実させよう（30分間）

1. 今日から「お師匠さん制度」を導入します。
2. 自主学習は授業と違って、一人で挑戦するもの。学校の授業ではすぐ近くの友だちと協力して学べるけれど、家庭でやる自主学習ではすぐに相談できる人がいませんね。
3. 漢字学習のやり方をいつもと変えて充実させてみたいと思っても、ついいつものパターンになってしまうということはない？　そういうときに、やり方を具体的に教えてくれる人がいると安心ですね。
4. そこで、クラスの中で自主学習ノート作りが上手な人にお師匠さんになってもらい、ノート作りを教えてもらいましょう。**友だちと自主学習ノートで学び合う仕組み、それが「お師匠さん制度」**です。
5. では、今から発表する人は立ちましょう。〇〇さん、〇〇くん…。あなたたちはお師匠さんです！　拍手‼
6. 次にお弟子さんとお師匠さんのペアを発表します。〇〇師匠には□□さん、〇〇師匠には□□さん…。
7. 教えてもらうお弟子さんは、まずお師匠さんのノート作りを真似してみます。「学ぶ」という言葉の由来は「真似る」からきています。自分だけの偏ったやり方ではなく、上手な人のノート作りを真似してみると一段とレベルアップするはずです。まずは素直に真似してみることから始めましょう。
8. 相手にとってわかりやすくアドバイスをするお師匠さんにも大きな学びがあります。お弟子さんができるようにするのも、お師匠さんの腕の見せどころ。人に教えることで、今まで気づかなかったノート作りの工夫やポイントなどいろいろ気づきが増えるはずです。それは、お師匠さんのレベルアップにつながります。教えることを自分でわかっていないと教えられませんからね。
9. では、今日のお師匠さん制度の課題を発表します。（板書）
お師匠さん：「お弟子さんがわかりやすいようにノート作りをアドバイスし、自分のノートもレベルアップしよう」
お弟子さん：「漢字、計算のノートへのやり方をできるようにしよう」

POINT!

用意するもの・準備
- 自主学習ノート
- 漢字ドリルや算数ドリル
- お師匠さんをクラスで10〜15人ほど選出（できるだけペアをつくる）
- 最初の基準は、漢字、計算をしっかりとやっている子がおすすめ
- お師匠さんとお弟子さんのペアをあらかじめ教師が決めておく

POINT!

お師匠さんを選ぶときは「毎日ほぼ継続できている」「毎日見開き2ページ以上やっている」「ていねいに書かれている」「バッチリとワクワクのバランスがいい」などの基準を決めておき、それを子どもたちとも共有しておきます。

第4章　自主学習を続けるために

10. お師匠さんとお弟子さんがペアになるように机を移動しましょう。3人のところはお師匠さんがお弟子さんのノートを見やすいように並び方を工夫してくださいね。

11. これから漢字ドリル7分間、計算ドリル7分間の練習をします。お師匠さんはアドバイスをしながら、自分もノート作りをしっかりやります。お弟子さんはお師匠さんのノート作りを真似してみます。

12. では漢字ドリルから始めます。お互いに「よろしくお願いします」を言いましょう。では、どうぞ。
　…7分経ちました。途中でも計算ドリルに取り組みましょう。今日はいろんなやり方を体験するつもりでいいですよ。

13. すごい集中でしたね。では、お弟子さんはお師匠さんにノートを開いて渡します。お師匠さんはお弟子さんに心を込めてメッセージを付箋に書いて贈りましょう。お弟子さんはお師匠さんのノートにお礼のメッセージを付箋に書きましょう。どうぞ。

14. 明日からのことを説明します。朝、登校したらお弟子さんはお師匠さんにノートを渡してコメントをもらいます。お師匠さんは教えたことなどのポイントについてよかったところや励ましのコメントをしたら、自分のノートと一緒に教卓に提出します。

15. 2週間後にもう一度、お師匠さんを決め直します。今回のお師匠さんの基準は、「バッチリメニューの漢字、計算をしっかりできること」でしたが、次回のお師匠さんの基準は「ワクワクメニューもバランスよくできている」です。

16. クラスがお師匠さんだらけになっちゃったら、お師匠さん同士で学び合いをします。一体どんなノートに進化するのか、楽しみですね。

> **POINT!**
> 活動のはじめのうちは朝の会などでお師匠さんにノートを見てもらう時間をとり、アドバイスをもらいます。慣れてきたら、登校後、朝の会までに見てもらうなど、子どもに任せてもいいでしょう。

> **POINT!**
> この活動には2〜4週間かけて取り組みますが、徐々にお師匠さんを増やしていくことがポイントです。お師匠さんを増やすために、多少基準を下げてもかまいません。お師匠さんになれば頑張りがきくようになるので、結果、クラス全体が底上げされていきます。

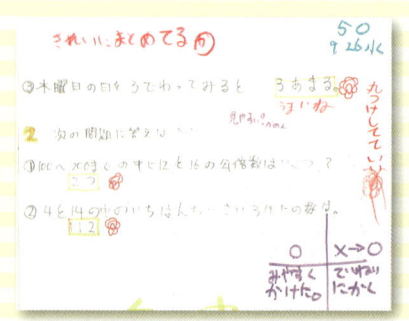

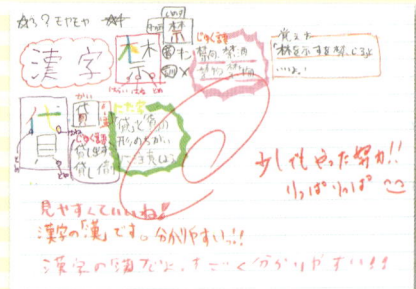

この「お師匠さん制度」も含め、友だちから温かいコメントをもらうことは、自主学習を続けていく上での何よりの励ましになります。

継続のための子ども同士のかかわり②

自主学習の取り組みを
クラスみんなで共有する

第4章 自主学習を続けるために

● ダブルクリップでページを開いて教室内に展示

　友だちの自主学習ノートは、子どもにとって何より参考になるモデルになります。**いいノートは、どんどんクラスで共有したいものです。**

　おすすめは、教室後ろのロッカーや本棚の上にそのまま開いて展示する方法です。自然と子どもたちの目に触れるよい掲示物となりますし、教師も簡単にノートチェックができ、とても効果的です。

　なお、ノートの真ん中をダブルクリップではさむと、ページが閉じられることもなく、そのまま立てかけたり、壁にかけたりすることができます。クリップに名前シールを貼っておけば、表紙を見ることもなく誰のノートかがわかるというメリットもあります。朝、教師に提出する代わりに、昨日やったページをダブルクリップで開いておくようにすると、未提

POINT!
こうした子ども同士のかかわりを通じて「クラスみんなで共有する学習」という意識を高めることで、クラスから離れていても一人で学習しようとする力が湧いてきます。

クリップに名前を貼っておくと、誰のノートかが一目瞭然です。

このように常に子どもの目に触れる状態で置いておくことで、友だちの学習メニューや学習のしかたを、いつでも参考にすることができます。

113

出の子のダブルクリップはそのまま残ることになるので、「忘れてるよ」「昨日、できなかったの？」などと声をかけることもできます。

(埼玉県狭山市立入間野小学校・荒幡知絵先生の実践です)

● おすすめの学習メニューを教室内に掲示する

「今週はどんな学習メニューに取り組もうか」と迷ったときに、子どもたちの助けとなるのが「自主学習おすすめメニューコーナー」の取り組みです。

「自主学習おすすめメニューコーナー」は、**実際に自分がやってみて楽しかったり、ためになったりした学習メニューをランキング形式で掲示したり、実際のノートのコピーを貼りつけたりするコーナー**です。おすすめのメニューを付箋に書いて貼っておくだけでもかまいません。ちょっとしたヒントが、学習メニューを考える上で大きな助けになります。

また、学期に1回程度、クラスのみんなで効果的なメニューのふりかえりをするのもおすすめです。各自が「今までに取り組んだ中で効果的だった学習メニューベスト3」を書き出し、教科や学習内容ごとに集計してランキング表を作ります。実際に集計してみると、バッチリメニューでは「漢字練習」「算数の復習」などが、ワクワクメニューでは「○○調べ」などが上位に挙がってきます。

上位にランクインした学習メニューについては、ノートのコピーも掲示します。こうした活動を通じて、どんな学習メ

> **POINT!**
>
> 学習メニュー選択の手助けとしては、「お助けプリント」や「学習資料」などもおすすめです。漢字練習や計算問題などのプリント、日本地図などの学習資料をA5サイズでプリントしておき、自由に持って帰れるようにしておきます。これをノートに貼って学習に取り組むだけなので、学習内容に迷ったときには大きな助けとなります。

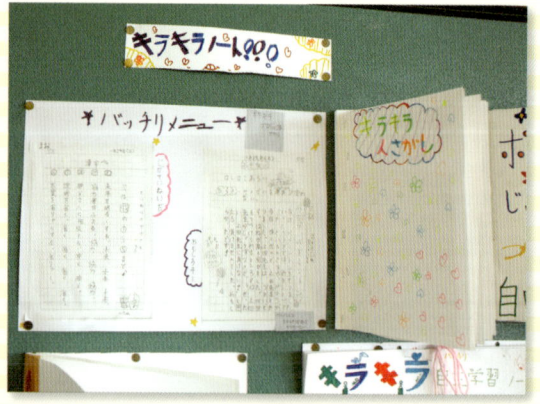

「自主学習おすすめメニューコーナー」には、おすすめメニューのランキングやノートのコピーのほか、ノートのまとめ方のコツなども掲示していきます。

ニューが授業に役立つのか、どんな学習をすれば力がつくのかを、クラスの全員が理解できるようになります。

みんなのベストページで自主学習の参考書を作る

　自主学習の取り組みが進み、各自のノートがある程度蓄積されてきたら、みんなのベストページを集め、オリジナルの「自主学習参考書」を作ってみましょう。

　積み上げた自主学習タワー（下記参照）から、各自にノートを返却し、それぞれが「特にがんばった」「みんなに見てほしい」と思うページを3見開き分選び、そのおすすめポイントをプリントに記入します。そのプリントに、3見開き分のページのコピーを貼り、「クラスの人数＋学級での保管用」の数だけ印刷・製本してみんなに配ります。一人一冊ずつ家に持って帰れば、学習メニュー選びや学習のしかたに迷ったときにとても頼りになる参考書となります。

できた「自主学習参考書」は各自が家に持ち帰るほか、いつでも参照できるように、教室にも置いておきます。

やり終えたノートを積み上げる「自主学習タワー」

　自主学習の取り組みを、クラスみんなの頑張りの証として"見える化"するのが「自主学習タワー」です。

　やり方は簡単。最後のページまでやり終わった自主学習ノートを、積み重ねてタワーにしていくだけです。崩れて窓から落ちたりするのを防ぐため、タワーは窓側には置かず、教室後ろの掃除用具入れの横など、2つの面でノートをさせられる場所に積んでいきます。150冊を超えたあたりからだんだん不安定になってくるので、雑貨屋で売っている「つっぱり棒」などで、天井とタワーの間に支えを入れます。

　とても単純な取り組みですが、積み重なるととても迫力がありますし、子どもたちの自信にもつながります。

（埼玉県狭山市立広瀬小学校・森泉周次郎先生の実践を参考にさせていただきました）

ノートを積み上げるときは、10冊くらいごとに背表紙の向きを交互にしていくことで、安定感が増します。

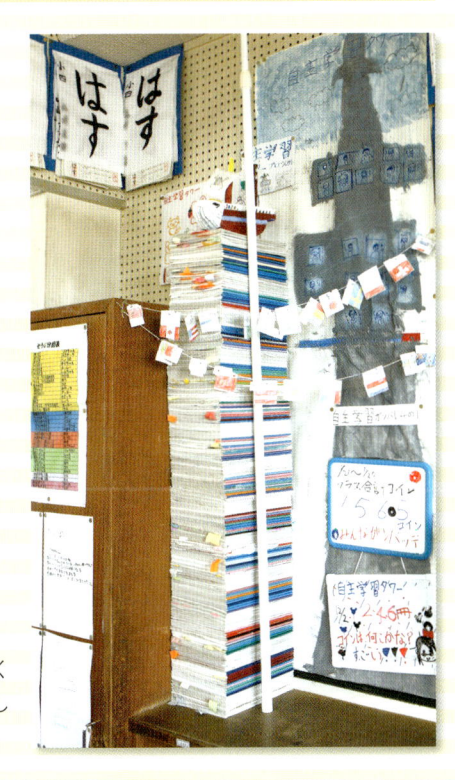

第4章　自主学習を続けるために

継続のための保護者のかかわり

保護者にはよきサポーターとして見守り、励ましてもらう

● 取り組みのはじめに保護者にお願いしておくこと

　自主学習に取り組むにあたり、保護者にお願いしておくことが2つあります。

①「宿題やったの？」は時間まで待ってください

　自主学習は子どもが自分から始めることに価値があります。保護者の立場としてはついつい気になって「いつ始めるの？」「もう勉強やったの!?」と聞きたくなりますが、そこをぐっとこらえて待ってもらう必要があります。言われて始める学習よりも、自分から取り組む学習のほうが、はるかにいい学びができるからです。

　とはいえ、いつまで経っても始めようとしないときには、ちゃんと声をかけてもらうこともお願いしておきます。「夜の7時30分までにはリビングのテーブルにやったノートを出しておく」などと、事前に提出時間と提出場所を親子で決めておいてもらいます。

②見届けサインとよかった点とアドバイスをセットで

　ノートを見たら、自主学習カレンダーにサインをしつつ、口頭でよかった点とアドバイスをセットで伝え

POINT!
自主学習で力をつける子は、必ず家族の協力を上手に生かしています。逆に、学習するタイミングも学習内容も家族に任せっきりにしてしまう子は、なかなか力が伸びず、自主学習がめざす「自立して学習する力」も身につきません。

てもらいます。特に、よかった点はその場ですぐに具体的に伝えること、そしてアドバイスは「もうちょっとよくするにはどうする？」と疑問形で尋ねることをお願いします。こうしたコメントにはある程度練習が必要なので、保護者会で定期的に、子どもの自主学習ノートにコメントとアドバイスを入れる練習をしていきます。

● なぜ自主学習かを理解してもらう

　なぜ宿題ではなくて自主学習なのか、その意義を理解してもらうためにも、**授業参観で子どもたちの自主学習を実際に見て、体験してもらうことをおすすめします**。今までの宿題とは違い、自主学習ではその内容を子どもに任せることになるため、最初は不安に感じる保護者もいます。ですから、自主学習を一緒に練習することにより、子どもたちに学習を任せる価値と意味をしっかり理解してもらう必要があります。特に、４月の授業参観にはたくさんの保護者が来ますので、自主学習のサポーターになってもらうチャンスです（具体的な授業参観の進め方については、前著『子どもの力を引き出す自主学習ノートの作り方』に詳しく掲載されていますので、参考にしてください）。

　また、保護者会や保護者面談なども、自主学習を理解してもらうチャンスです。そこではしっかりと子どもの伸びや努力、そして今後への課題も伝えていきます。学期ごとの保護者会では、短い時間でもかまいませんので、**自主学習ノートのギャラリーウォークをして、具体的なほめ言葉のコメント練習をします**。自分の子どものノートを見て、気づいた改善点を「どうしたらよくなるのかな？」「ていねいに書くコツは何だろう？」といった「疑問形」で付箋に書き入れます。保護者の方も、いろんな子どものノートを見ることはコメントの参考にもなり、安心できるようです。

　なお、この場合、子どもたちはこの１週間でいちばんがんばった見開き２ページを保護者に見せることにしています。よくできたノートについて話し合うことで、その場が安心できる雰囲気になります。子どもができるだけ保護者にほめられ、達成感を感じられるよう、教師が配慮するのも大切なことです。

> **POINT!**
> 子どもが自主学習ノートを使ってこの１週間で学んだこと、成長した点などを保護者に説明する「子ども家庭教師」の取り組みなどがあります。

自主学習 Q&A

自主学習についての よくある質問集

Q 宿題は出さないのですか？

　宿題を出しても、もちろんかまいません。そのときは、バッチリメニューの学習として、宿題に取り組むようにします。学年が変わり、今までの宿題がいきなり自主学習になると、不安になる保護者もいるはずです。最初は教師から定期的に宿題を出すのもよいかと思います。ただし、宿題の量はできるだけ少なめにしておきます。ワクワクメニューに取り組む時間をとるためです。

　また、特に押さえておいてほしい学習や、補充のプリント学習なども定期的に課すことがあります。そのプリントも自主学習として振り替え、きちんと自主学習ノートに貼りつけておきます。

POINT!
宿題を出すときも、「宿題プラス自主学習」をやってくるように伝えます。宿題がバッチリメニューの内容であれば、プラス、ワクワクメニューにも取り組むようにします。

Q 塾や習いごとがあるときはどうしたらいいのですか？

　今の子どもたちは、放課後にいろいろな習いごとをしています。私のクラスでも、ほぼ8割の子が塾やスポーツ、習字、英語などの習いごとに通っています。

　習いごとがある日は、事前に自主学習カレンダーに記入しておきます。その上で、ページ半分のスペースに「習いごとに行きました」とひとこと書いておきます。それだけでOKです。習いごとも含め、1週間の見通しをもって生活することは、計画力を身につけることにつながります。急な風邪や体調不良のとき以外は、あらかじめ決めた計画に沿って生活することが大切です。

　塾や習いごとなどの活動も貴重な学びです。自主学習と無

POINT!
スポーツや音楽などの習いごとに通っている子ならば、あこがれの選手や音楽家について調べたり、練習で気づいた注意点をまとめたりといった自主学習に取り組んでみるのもおすすめです。

理なく両立できるよう、自主学習カレンダーを活用していきましょう。

Q 体調が悪い日はどうすればいいですか？

　風邪をひいたときなど、体調不良の日には学習のことはすっぱり忘れて、しっかりと休んだほうがいいでしょう。無理をしてさらに症状を悪化させてしまっては元も子もありません。休んだ理由を自主学習カレンダーに書いておきましょう。

　ただ、せっかく毎日続けてきたのに風邪で途切れてしまうのはとても残念、と思う子もいます。そういうときは、漢字一文字でも、病気の感想一行でも書けばよしとします。こういった積み重ねは、学習を継続する強い心を作っていきます。

Q 夏休みの自主学習はどうしたらいいですか？

　夏休みは、1学期から取り組んできた自主学習の成果が試されるときです。長い夏休みの間、自分の意思で学習を継続できれば、2学期以降への大きな自信となります。

　夏休みには、あらかじめ6週間分の長期カレンダーを作ります。夏休みにはワークブックや自由研究、読書感想文などいろいろな課題がありますが、それらも自主学習に組み入れて、学習メニューを決めていきます。

　学習メニューは子どもが自由に決めますが、おすすめを挙げるならば、夏休み明けから習う漢字の予習です。夏休み前に読み方などを一度練習しておき、夏休み中にしっかり練習します。こうしておくと、夏休み明けの国語の学習で新出漢字に対するつまずきが解消され、スムーズな理解につながります。

　なお、夏休み中、誰にもノートを見てもらえないと継続への意欲もしぼんでしまいがちです。ぜひ毎日ノートを見て、丸つけや励ましのコメントで支えてもらえるよう、夏休みに入る前に保護者の方にお願いしておくことも大切です。

119

Q 学年全体の取り組みにするにはどうしたらいいですか？

　クラスでの取り組みが充実してくると、それを学年全体の取り組みにしたいという欲求も芽生えます。新学期から学年全員でスタートできればよいのですが、最初から子どもに任せることには不安を感じる先生もおり、自主学習に「待った」がかかることもあります。

　私の場合は、「私のクラスでは取り組もうと思うのですが、一緒にどうですか？」「いいですね。どんなふうにやるのか教えてください」といった感じで、学年の取り組みにすることができました。もちろん、こうなるためには、学年始めに決める学年目標を、教師同士がしっかり話し合っておくことも大切です。大きな模造紙に、この学年で大切にしたいことをどんどん書き出し、学年の先生方とゴールのイメージを共有します。目標を共有していることはとても大切です。目指すところが一緒だと安心感があり、取り組みに多少の差があっても認め合うことができ、いろんなことがやりやすくなります。個性ある先生たちの多様性を生かした学年経営ができるはずです。

　自主学習ノートの取り組みを学年でできれば、クラスをまたがってのギャラリーウォークや、ノートを紹介する学年掲示物の作成など、大胆な取り組みも可能となり、子どもの力も大きく底上げされます。

　もちろん、なかなか理解してもらえないこともあるでしょう。そんなときは、週1回、週末だけの自主学習から始めることを提案するのもいいと思います。そして、子どもたちのノートを、職員室の話題にしていきます。そして、なぜ自主学習に取り組むのか、子どもにどういう力をつけてもらいたいかをねばり強く説明していきます。ここをしっかりと説明でき共有できれば、子どもに任せることや保護者の説明への不安も解消できていくはずです。

POINT!
私が自主学習について受ける質問や相談の中で、いちばん多いのがこの「学年全体の取り組みにするには？」というものです。自主学習の価値を実感していただいた先生に、この取り組みを学年全体へ、そして学校全体へと広げてもらえると嬉しく思います。

学年のはじめに、育てたい子どものイメージを教師同士で話し合い、共有しておきます。

自主学習アンケート

自主学習・子どものホンネ!?

ここでは、私のクラスの子どもたちに聞いた、自主学習についてのアンケート結果を紹介します。

❶ 自主学習ノートに取り組んで成長したことはなんですか？

1. 続ける力 ……………………………………（11人）
2. 面倒くさがらないで、自分からできる ………（9人）
3. 自分でやることを考えるのが楽しい …………（8人）
4. 漢字ドリルなどよりもずっと学習が楽しい …（3人）
5. 早めにやるようになった ………………………（2人）

> 子どもたちの様子から、こつこつ続け始める子が増えてきました。なによりも、取り組みが楽しいといっている姿が嬉しいです。

❷ 自主学習でよくある失敗は何ですか？

1. やったのに家に忘れる …………………………（10人）
2. ナンバー、日付、時間を忘れる ………………（8人）
3. 何をやろうか考えながら、
   ついついテレビを見てしまう …………………（5人）
4. 調べ物をしていると夢中になってしまい
   時間がたってしまう ……………………………（4人）
5. やる前にゲームをやってしまう ………………（3人）

> ついついテレビに夢中になって時間が経ってしまう、そんな失敗がよくあるようです。自主学習ノートは学校でもってくるまでが自主学習です。忘れ物には注意したいですね。

❸ 自主学習をしている場所はどこ？

1. リビングルーム …………………………………（20人）
2. 自分の机、部屋 …………………………………（10人）
3. 鍵がかかっていたので玄関で …………………（1人）

> 子どもたちはみんなが集まる場所で学習することの方が多いようです。なんでも、気軽に家の人に相談できるからだとか。家族からの温かい見守りがあるのも嬉しいものです。鍵を忘れてしまって、玄関前で自主学習したという男の子もいました。

❹ 自主学習はいつやりますか？

1. 遊んで帰ってきて、ご飯前 ……………………（15人）
2. 寝る前にやる ……………………………………（7人）
3. 帰ってすぐする …………………………………（4人）
4. ご飯のあと ………………………………………（4人）
5. 朝 …………………………………………………（2人）

> 継続できる子ほど、帰ってすぐや、遅くともご飯前にやっているようです。逆に、なかなか継続できない子は、ご飯の後や寝る前にやるという傾向があります。タイムマネジメントも、身につけたい大切なスキルですね。

おわりに

　埼玉県の道徳副読本「彩の国の道徳　夢に向かって」には、「自由学習ノート」という題材があります。先日、これを使ってクラスの自主学習の取り組みについて話し合いをしました。

　何でも好きな学習をしてもよい「自由学習ノート」。主人公の男の子は面倒くさそうにボールの絵を描き、とりあえず仕上げたノートを学校に持っていきます。しかし、友だちの男の子は昆虫についてとてもよく調べてきていて先生から紹介されていました。雑に仕上げた自分のノートをもう一度見直す男の子 ──。そんなストーリーでした。

　「初めは僕も一緒で何やっていいのかわからなかったなぁ。でも、今は楽しいから言われてなくてもやっている。やらない人はもったいないよね」「そうそう。楽しくなくっちゃね」というクラスの子どもたちのやりとりを、この話し合いの中で聞くことができました。

　授業の終わりに私から、「じゃあ、自主学習カレンダーの今週のメニューに『楽しむ』を追加してみない？」と薦めてみると、「先生、もういらないよ。それは４月の頃。だって今はもう楽しんでやってるから」とのこと。力強く頼もしい言葉に嬉しさを感じるとともに、この取り組みが確実に子どもの中に根づいていることを実感しました。

　年間を通じて自主学習ノートを続けていると、ついついそのノートのクオリティのみを追ってしまいがちです。ノートのできばえを追うばかりで、子どもがノートに取り組んでいるそのプロセスへ目を向けることがおろそかになってしまいます。ですが、素晴らしいノートを仕上げることだけが自主学習の目的ではありません。今まで学習を続けることや自分から取り組むことが苦手だった子が、自分から楽しみを見つけて自主学習に取り組み始めるそのプロセスにこそ、とても価値があるはずです。

　この道徳授業の対話は、今一度、自主学習ノートを楽しむことの大事さにあらためて気づかされた象徴的なできごとでした。もちろん、クラスの中には楽しさよりも質を追求し、息苦しさを感じている子もいました。家庭学習をすべて家庭に任せるのではなく、クラスの中に位置づけてみんなで話し合い、つながることで、いろんな学びを共有し高まっていくことができるよい時間でした。この日以来、クラスで毎朝展示しているノートの様子が変わり、楽しい雰囲気が伝わってくるワクワクメニューが見られるようになりました。

このような自主学習の取り組みについて調べてみると、1990年代には、数々の自学ノートの実践がありました。岩下修さんによる『自学のシステムづくり（自学能力を鍛える）』『「自学」で子どもが変わる―知と情を育てるシステムづくり（自学能力を鍛える）』『自学力を鍛える基本テーマ事例集（自学能力を鍛える）』（いずれも明治図書出版）などの著書。また、山田一さん、藤本浩行さん、森新吾さん、菊池靖志さん、福山憲市さん、戸井和彦らによる『自学力を育てる授業と家庭学習のシステム化（自学能力を鍛える）』（明治図書出版）にも詳細が記されています。

　恥ずかしながら勉強不足の私は直接こういった先行実践に触れることなく、先輩教師たちからの聞きかじりと試行錯誤の繰り返しで学んできました。1980年代の後半、少年時代の私は、担任の先生による「自学自習」に出会いました。また、初任校で出会った先輩先生方から自主学習の実践についても教わりました。そして今、子ども同士の学びをつなぎ、楽しむための自主学習ノートの提案にたどり着きました。自主学習の価値観が時代を超えて脈々と現代の子どもたちへ受け継がれていることをあらためて感じています。

「おもしろさを感じるとよく学べる」（吉田新一郎著『学びで組織は成長する』光文社新書）とあるように、人は楽しいときにこそ学んでいます。学校の学びもそうですし、家庭学習も同じです。学ぶことの楽しみを知り、生涯を通じて、楽しみながら学び続ける人になっていってほしいと思います。その入リ口のツールが自主学習ノートです。

　今回、この本をつくるにあたって、全国の自主学習ノート実践者とワークショップやFacebookで交流を深めてきました。そして、たくさんの先生方からの協力やアドバイスをいただき、このような本を実現することができました。とても一人では作ることができませんでした。ご協力にとても感謝しております。そして、毎年、私の取り組みに熱をもって取り組んでくれる子どもたちにも感謝しています。

　この自主学習ノートの取り組みがたくさんの子どもたちへ届くように願っています。最後までおつきあいいただき、ありがとうございました。

伊垣尚人

Special Thanks
秋吉健司先生（東京都三鷹市立井口小学校／中学年のノートを提供していただきました）
松澤毅先生（東京都西東京市立栄小学校／低学年のノートを提供していただきました）

著者：伊垣尚人（いがき・なおと）

1977年生まれ。東京都出身。学校法人桐朋学園桐朋小学校教諭。YMCAのキャンプリーダーや不登校児童・生徒の学校復帰の支援活動などを通じて学校現場に興味を持ち、通信教育で教職の道へ。カウンセリングやファシリテーションを活かしたクラス経営により、子どもがオーナーシップを持ち、学ぶことを楽しむ授業づくりに取り組んでいる。自立と共生、多様性、主体的な学びを志すファシリテイティブ・ティーチャー。著書に『子どもの力を引き出す クラス・ルールの作り方』『子どもの力を引き出す 自主学習ノートの作り方』（小社刊）がある。学習サークルLAFT（Learning Association of Facilitative Teachers）主催。

Email：togetoge.teacher@gmail.com　facebook：http://facebook.com/togetoge.teacher

ブログ：イガせん学級冒険日誌　http://igasen.xsrv.jp/wp/

子どもの力を引き出す
自主学習ノート 実践編

2013年4月1日　初版発行
2025年8月1日　第22刷発行

著　者　伊垣尚人　©Igaki Naoto,2013
発行者　田村正隆

発行所　株式会社ナツメ社
東京都千代田区神田神保町1-52
ナツメ社ビル1F（〒101-0051）
電話 03-3291-1257(代表)
FAX 03-3291-5761
振替 00130-1-58661

制　作　ナツメ出版企画株式会社
東京都千代田区神田神保町1-52
ナツメ社ビル3F（〒101-0051）
電話 03-3295-3921(代表)

印刷所　ラン印刷社

本文デザイン・DTP／松岡慎吾
イラスト／畠山きょうこ
写真／中村 晃
編集協力／葛原武史・和西智哉（カラビナ）
編集担当／原 智宏（ナツメ出版企画株式会社）

ナツメ社Webサイト
https://www.natsume.co.jp
書籍の最新情報（正誤情報を含む）はナツメ社Webサイトをご覧ください。

本書に関するお問い合わせは、書名・発行日・該当ページを明記の上、下記のいずれかの方法にてお送りください。電話でのお問い合わせはお受けしておりません。

・ナツメ社webサイトの問い合わせフォーム
　https://www.natsume.co.jp/contact
・FAX（03-3291-1305）
・郵送（左記、ナツメ出版企画株式会社宛て）

なお、回答までに日にちをいただく場合があります。正誤のお問い合わせ以外の書籍内容に関する解説・個別の相談は行っておりません。あらかじめご了承ください。

ISBN978-4-8163-5407-6
Printed in Japan
〈定価はカバーに表示してあります〉

〈乱丁・落丁本はお取り替えします〉
本書の一部または全部を著作権法で定められている範囲を超え、ナツメ出版企画株式会社に無断で複写、複製、転載、データファイル化することを禁じます。